职业教育提质培优人文素养系列丛书

诵读，伴思想航船远行

（第三册）

顾卫国　王　慈　潘　俊　主　编

中国商业出版社

图书在版编目（CIP）数据

诵读，伴思想航船远行. 第三册 / 顾卫国，王慈，潘俊主编. -- 北京：中国商业出版社，2023.6
（职业教育提质培优人文素养系列丛书）
ISBN 978-7-5208-2515-3

Ⅰ. ①诵… Ⅱ. ①顾… ②王… ③潘… Ⅲ. ①人文素质教育 - 职业教育 - 教材 Ⅳ. ①G40-012

中国国家版本馆CIP数据核字（2023）第108513号

责任编辑：管明林

中国商业出版社出版发行
（www.zgsycb.com 100053 北京广安门内报国寺1号）
总编室：010-63180647 编辑室：010-83114579
发行部：010-83120835/8286
新华书店经销
句容市排印厂印刷
*
787毫米×1092毫米 16开 12印张 215千字
2023年6月第1版 2023年6月第1次印刷
定价：39.80元
****

职业教育提质培优人文素养系列丛书
诵读，伴思想航船远行

编写指导委员会

诵/读/伴/思/想/航/船/远/行

PREFACE 前言

百川归海不是终结，每一滴水都会不自觉地向大海深处奔涌荡漾，伴着稻麦香、虫鸟声，带着山的呼唤、河的嘱托。文学撷英是一种自觉的启程。从古今中外优秀作品汇聚而成的文学海洋中采撷精粹，是为了再出发。这些精粹植根于关爱生命的人格基座，闪耀着文化感受的灵气浪花，在思接千载、视通万里的时空中跳动，引领思想航船向着未来远行。

历经千百年洗礼，优秀经典款款走近。相伴而来的，是先行者的美德和智慧，浓缩了辽阔的空间和漫长的时间，把早已飘散的生命信号传递给后来者。诵读经典，不啻一次次与历代贤达的思想交流，更是一场场高贵精神的播撒和传扬。

中职教育的目标是把学生培养成为“具有综合职业能力，在生产、服务、技术和管理第一线工作的高素质劳动者和初级专门人才”，在教学组织上有较强的专业针对性和实用性。但中职教育的本质是培养德智体美劳全面发展的社会主义建设者和接班人，思想道德教育的首要地位不能动摇，人文素养教育亟待加强。利用晨读时间开展诵读活动无疑是思想道德教育和人文素养教育的有效举措。

第一，诵读经典有助于健康的世界观、人生观和价值观的形成。中职阶段的学生是未成年人，正处在“三观”形成的最佳时期，好书、好文章的浸润正当其时。

第二，诵读经典有助于学生健全人格，研习礼仪，端正行为，固化伦理道德，提高感悟能力和审美能力。

第三，诵读经典有助于校园文化、专业文化和企业文化建设，构建和谐校园，引领精神文明建设，为社会培养品学兼优的高技能人才。

第四，诵读经典有助于终身学习能力的培养。学习能力从职业教育向后续更广阔的终身教育阶段迁移顺理成章。经典中包含的思考和表达元素正是走出校园、适应社会并实现人生发展的基本要素。

诵读是阅读的一种方式，通过眼、口、耳多种感官直达于心。经典的美好会潜移默化地在诵读者心里生根发芽，变成他对生活品质的要求，不管他在哪里，从事什么职业，这种美好都会伴随终生。

本丛书是基于中职学生学情而选编的适用于晨读或课外阅读的人文素养读本。选文立足中华文化经典，兼顾其他民族优秀作品，古今并蓄，题材广泛，文体多样，篇幅适中，文质兼美，诵读性强，既注重传统文化内涵，又体现当今时代精神。目的在于引导学生通过阅读经典文学作品，初步学会赏析各类文学作品，从而领悟传统文化特别是中国传统文化精神，提升人文素养。

丛书共四册，书名统一为《诵读，伴思想航船远行》，以第一册、第二册、第三册、第四册标识。定性为职业院校读本，各板块主题起始于“德”，落脚在“职”，依次为“大道至简　德行天下”“方圆相宜　行稳致远”“致福成义　礼达四方”“业道酬精　职场赢家”，四册一以贯之。依据学期时序和学生认知发展规律，思想性逐册提升。

各单元编写体例，依次为诵读主体、知人论世、阅读鉴赏、思考寄语四个部分，即诵读作品，了解作者或作品背景，阅读鉴赏旨要，提炼思想精华并予寄语。

本丛书由江苏省如皋第一中等专业学校（技工学校）、江苏省邳州中等专业学校、江苏省丹阳中等专业学校、江苏省扬中中等专业学校、江苏省张家港中等专业学校、江苏省靖江中等专业学校、江苏省淮海技师学院、江苏省赣榆中等专业学校、镇江高等职业技术学校和江苏省句容中等专业学校（排名不分先后）共10所学校联合编撰。具体分工如下。

第一册：主编为张伟斌（镇江高等职业技术学校）、奚必政（江苏省扬中中等专业学校）、赵建康（江苏省句容中等专业学校）；副主编为周海燕（江苏省邳州中等专业学校）、邵扣宗（江苏省靖江中等专业学校）、吴玲玲（江苏省如皋第一中等专业学校）、姜海洋（江苏省张家港中等专业学校）。

第二册：主编为朱劲松（江苏省张家港中等专业学校）、臧其中（江苏省邳州中等专业学校）、曹江泉（江苏省如皋第一中等专业学校）；副主编为陈彩萍（江苏省扬中中等专业学校）、孙永斌（江苏省淮海技师学院）、陆卫仙（江苏省靖江中等专业学校）、臧翔（江苏省润州中等专业学校）。

第三册：主编为顾卫国（江苏省靖江中等专业学校）、王慈（江苏省赣榆中等专业学校）、潘俊（镇江高等职业技术学校）；副主编为刘剑（江苏省如皋第一中等专业学校）、汤祯瑞（江苏省句容中等专业学校）、占少志（江苏省丹阳中等专业学校）。

第四册：主编为贾伟（江苏省丹阳中等专业学校）、张兵营（江苏省淮海技师学院）、姚丽霞（江苏省张家港中等专业学校）；副主编为周文统（江苏省赣榆中等专业学校）、闫慧（江苏省邳州中等专业学校）、陈卉（镇江高等职业技术学校）、朱然琪（江苏城市职业学院（张家港办学点））。

参编人员（排名不分先后）：

朱灿明、康文清、李艳、薛汉成、肖杏嵘（江苏省如皋第一中等专业学校）；

孙艳、王琳婷（江苏省邳州中等专业学校）；

刘永波、陈明、张艳（江苏省丹阳中等专业学校）；

张跃（江苏省扬中中等专业学校）；

顾晓惠、徐玲（江苏省张家港中等专业学校）；

侯艳珠、徐霞（江苏省靖江中等专业学校）；

魏雪松、孙建（江苏省淮海技师学院）；

杨雪、张蕾（江苏省赣榆中等专业学校）；

于秉发、王惠、张阳雷（江苏省句容中等专业学校）；

潘志丽、项丽（镇江高等职业技术学校）。

由于编者水平有限，本丛书可能存在一些不足，欢迎广大读者提出宝贵意见。在编写过程中，直接或间接参阅、借鉴、引用了国内外大量文献资料，在此对这些文献的著作者表示诚挚感谢！

编　者

2022年3月

诵/读/伴/思/想/航/船/远/行

CONTENTS

目录

大道至简　德行天下

方圆相宜　行稳致远

致福成义　礼达四方

业道酬精　职场赢家

大道至简 德行天下

1 晏婴论和与同

诵读主体

齐侯至自田，晏子侍于遄台，子犹驰而造焉。公曰："唯据与我和夫！"晏子对曰："据亦同也，焉得为和？"公曰："和与同异乎？"对曰："异。和如羹焉，水、火、醯、醢、盐、梅，以烹鱼肉，燀之以薪，宰夫和之，齐之以味，济其不及，以泄其过。君子食之，以平其心。君臣亦然。君所谓可而有否焉，臣献其否以成其可；君所谓否而有可焉，臣献其可以去其否。是以政平而不干，民无争心。故《诗》曰：'亦有和羹，既戒既平。鬷嘏无言，时靡有争。'先王之济五味、和五声也，以平其心，成其政也。声亦如味，一气，二体，三类，四物，五声，六律，七音，八风，九歌，以相成也；清浊，小大，短长，疾徐，哀乐，刚柔，迟速，高下，出入，周疏，以相济也。君子听之，以平其心。心平，德和。故《诗》曰：'德音不瑕。'今据不然。君所谓可，据亦曰可；君所谓否，据亦曰否。若以水济水，谁能食之？若琴瑟之专一，谁能听之？同之不可也如是。"

知人论世

《春秋左氏传》，原名《左氏春秋》，汉代时又名《春秋左氏》《春秋内传》，汉代以后才多称为《左传》。《左传》相传是春秋末年鲁国的左丘明为《春秋》做注解的一部史书，与《公羊传》《谷梁传》合称为"春秋三传"，是中国第一部叙事详细的编年体史书，同时也是杰出的历史散文巨著。《春秋左氏传》共三十五卷，是儒家经典之一，且为十三经中篇幅最长的一部，在《四库全书》中被列为经部，记述范围从鲁隐公元年（前722）至鲁哀公十四年（前481）。《春秋左氏传》根据春秋时期重大的历史事件，主要对春秋诸国战争、外交、内政等各个方面加以记述，同时对各类典章制度、礼仪规范、社会风俗、民族关系、道德理念、天文地理、神话传说、民间歌谣都有记述和评论，内容涉及社会生活的各个方面，可以说是一部展现春秋历史全貌的百科全书。

阅读鉴赏

齐景公从打猎的地方回来，晏子在遄台随侍，梁丘据也驾着车赶来了。景公说："只有梁丘据与我和谐啊！"晏子回答说："梁丘据也不过是相同而已，哪里能说是和谐呢？"景公说："和谐与相同有差别吗？"晏子回答说："有差别。和谐就像做肉羹，用水、火、醋、酱、盐、梅来烹调鱼和肉，用柴火烧煮，厨工调配味道，使各种味道恰到好处，味道不够就增加调料，味道过重就冲淡一下。君子吃了这种肉羹，用来平和心性。国君和臣下的关系也是这样。国君认为可以的，其中也包含了不可以的，臣下进言指出不可以的，使可以的更加完备；国君认为不可以的，其中也包含了可以的，臣下进言指出其中可以的，去掉不可以的。因此，政事平和而不违背礼仪，百姓没有争斗之心。所以《诗》中说：'还有调和的好羹汤，五味备又适中。敬献神明来享用，上下和睦不争斗。'先王使五味相互调和，使五声和谐动听，用来平和心性，成就政事。音乐的道理也像味道一样，由一气、二体、三类、四物、五声、六律、七音、八风、九歌各方面相互配合而成，由清浊、小大、短长、疾徐、哀乐、刚柔、迟速、高下、出入、周疏各方面相调节而成。君子听了这样的音乐，可以平和心性。心性平和，德行就协调。所以《诗》说：'美好音乐无瑕疵。'现在梁丘据不是这样。国君认为可以的，他也说可以；国君认为不可以的，他也说不可以。如果用水来调和水，谁吃得下去？如果用琴瑟老弹一个音调，谁听得下去？不应当相同的道理，就像这样。"

晏婴是我国春秋时期卓越的政治家、思想家，一生力佐齐国三公（灵公、庄公、景公），以节俭力行、能言善辩著称于世，他的道德品质为历代所称颂。司马迁说："假令晏子而在，余虽为之执鞭，所忻慕焉。"（《史记·管晏列传》）何等敬佩之至！

文中晏婴与齐景公论及的"和"与"同"，表面上看起来很相似，但实质上，它们完全不同。"同"是绝对的一致，没有变动，没有多样性，因此，它代表了沉闷、单调、死寂，没有内在的活力和动力，不是一个有生命力的东西，也不符合宇宙万事万物起源、构成、发展的规律。"和"则是相对的一致性，是多中有一、一中有多，是各种相互不同、相互对立的因素通过相互调节而达到的一种统一态、平衡态。因此，它既不是相互抵消、溶解，也不是简单地排列组合，而是融合不同因素的积极方面形成和谐统一的新整体，既保留了各个因素的特点，又不让它们彼此抵消，因而是一个具有内在活力、生命力、再生力的整体。"和"的观念既是宇宙万物起源、构成、发展的规律之一，同时也是先人对事物的独特理解。“和”的最终旨归，是人的内心的心性平和。文中，晏子与孔子的思想不谋而合，从调羹和赏乐的角度，生动地将“同”与“和”的迥异之处加以剖析，形象可感。

思考寄语

“君子和而不同，小人同而不和。”（《论语·子路》）在人际交往中，君子能保持与他人的和谐关系，但在具体问题上又不处处苟同对方；小人则恰恰相反。试想如果别人说一，你就不敢说二，如此做人，岂不乏味？

2 梅花岭记

诵读主体

顺治二年乙酉四月，江都围急。督相史忠烈公知势不可为，集诸将而语之曰：“吾誓与城为殉，然仓皇中不可落于敌人之手以死，谁为我临期成此大节者？”副将军史德威慨然任之。忠烈喜曰：“吾尚未有子，汝当以同姓为吾后。吾上书太夫人，谱汝诸孙中。”

五日，城陷，忠烈拔刀自裁，诸将果争前抱持之。忠烈大呼德威，德威流涕不能执刃，遂为诸将所拥而行。至小东门，大兵如林而至。马副使鸣騄、任太守民育及诸将刘都督肇基等皆死。忠烈乃瞠目曰：“我史阁部也。”被执至南门，和硕豫亲王以先生呼之，劝之。忠烈大骂而死。初，忠烈遗言：“我死，当葬梅花岭上。”至是，德威求公之骨不可得，乃以衣冠葬之。

或曰：“城之破也，有亲见忠烈青衣乌帽，乘白马，出天宁门投江死者，未尝殒于城中也。”自有是言，大江南北，遂谓忠烈未死。已而英、霍山师大起，皆托忠烈之名，仿佛陈涉之称项燕。吴中孙公兆奎以起兵不克，执至白下。经略洪承畴与之有旧，问曰：“先生在兵间，审知故扬州阁部史公果死耶，抑未死耶？”孙公答曰：“经略从北来，审知故松山殉难督师洪公果死耶，抑未死耶？”承畴大恚，急呼麾下驱出斩之。

呜呼！神仙诡诞之说，谓颜太师以兵解，文少保亦以悟大光明法蝉脱，实未尝死。不知忠义者圣贤家法，其气浩然，常留天地之间，何必出世入世之面目？神仙之说，所谓为蛇画足。即如忠烈遗骸，不可问矣，百年而后，予登岭上，与客述忠烈遗言，无不泪下如雨，想见当日围城光景。此即忠烈之面目，宛然可遇，是不必问其果解脱否也，而况冒其未死之名者哉！

墓旁有丹徒钱烈女之冢，亦以乙酉在扬，凡五死而得绝，特告其父母火之，无留骨秽地，扬人葬之于此。江右王猷定、关中黄遵严、粤东屈大均为作传、铭、哀词。

顾尚有未尽表章者：予闻忠烈兄弟，自翰林可程下，尚有数人，其后皆来江都省墓。适英、霍山师败，捕得冒称忠烈者，大将发至江都，令史氏男女来认之。忠烈之第八弟已亡，其夫人年少有色，守节，亦出视之。大将艳其色，欲强娶之，夫人自裁而死。时以其出于大将之所逼也，莫敢为之表章者。

呜呼！忠烈尝恨可程在北，当易姓之间，不能仗节，出疏纠之。岂知身后乃有弟妇，以女子而踵兄公之余烈乎！梅花如雪，芳香不染，异日有作忠烈祠者，副使诸公谅在从祀之列，当另为别室以祀夫人，附以烈女一辈也。

知人论世

全祖望（1705—1755），字绍衣，号谢山，浙江鄞县人（今浙江宁波鄞州区），清代史学家。乾隆元年（1736）进士，被选入翰林院任职。次年因受权贵排斥，离京南归。从此专心著述，不再出去做官。精研宋末和南明史事，留心乡土文献。平生除修黄宗羲《宋元学案》、校《水经注》、笺《困学纪闻》外，著作有《鲒埼亭集》《经史问答》等，达35部、400多卷，且大多数学术著作用力极深。所作纪事文，对明、清之际的抗清志士特多表扬，本篇即为其代表作。

梅花岭，扬州广储门外的一个土山，山上梅树很多。

史可法是明末抗清将领。1644年清兵入关后，明福王朱由崧在南京即位，建立政权。但大臣马士英、阮大铖等一味苟安，排斥异己，而江北四镇将领刘良佐、黄得功、刘泽清、高杰又互相摩擦，形势异常危急。史可法在这种严峻局势下，主张积极抵御，徐图恢复，亲往扬州督师。1645年清军破扬州，史可法被俘，慷慨就义。扬州人民特在城外梅花岭给他筑衣冠冢，作为纪念，今有史公祠可供人凭吊。

阅读鉴赏

顺治二年（1645）四月，江都（今江苏扬州）被清兵围困，情势危急。以宰相身份在扬州督师的忠烈公史可法知道局势已不可挽救，就召集众将领，对他们说："我已立誓与这座城共存亡，但在危急时刻不能落在敌人手里死去，谁能帮助我在城破时成就这一大节？"副将军史德威悲痛激昂地表示愿意担负这一任务。忠烈公大喜，说："我还没有儿子，你可因同姓关系做我的后嗣。我要写信禀告太夫人，把你的名字记上我家的家谱，列入她的孙儿辈中。"

五日，江都城被攻陷，忠烈公就拔出刀来要自刎。众将领果然争上前来抱住他（不让他自杀）。忠烈公大声呼唤德威，德威涕泪迸落，不能举刀，于是忠烈公被众将领拥护前行。到小东门时，清兵已如密林般来到。副使马鸣騄、太守任民育和都督刘肇基等将领都已英勇牺牲。忠烈公就怒目瞪视敌人说："我是大明的史阁部！"接着就被俘押到南门，和硕豫亲王用"先生"来称呼他，劝他投降。忠烈公大骂而死。当初，忠烈公曾有遗嘱："我死后应葬在梅花岭上。"到这时，史德威寻求史公的尸骨，不能得到，就用他的衣冠来代替，把他埋葬在梅花岭上。

有人说："扬州城被攻破时，有人亲眼看见忠烈公穿青衣戴黑帽，骑着白马，跑出天宁门跳入长江而死，不曾死在城内。"自从有了这种话，长江南北就传说忠烈公没有死。不久英山、霍山（抗清）义军大规模起义，都假托忠烈公的名义（来号召群众），（就）好像陈涉（起义时）假托项燕（的名义）一样。吴中的孙兆奎因起兵失败，被俘押到南京。经略洪承畴同他有老交情，问（他）说："先生在军中，（是否）确凿知道原扬州阁部史公真的死了呢，还是没有死？"孙公回答说："经略从北方来，（是否）确凿知道原（在）松山殉难的督师洪公真的死了呢，还是没有死？"洪承畴（听后）非常恼怒，急忙叫部下（把他）推出去杀了。

唉！（那些）成神成仙的荒唐无稽的说法，说颜太师因被杀而成仙，文少保也因彻悟"大光明"佛法像蝉脱壳一样遗下了躯壳而成佛，实际上（他们都）不曾死去。殊不知忠义是圣贤传统的道德准则，那种凛然正气浩大磅礴，永远存留（在）天地之间，何必一定要（问他的）面目形象是出世成仙成佛还是入世为人了呢？（那种关于他们成为）神仙的说法，正是（人们）所说的"画蛇添足"。就像忠烈的遗骨，（现在）已不可能找到了，（但）百年之后，我登上（梅花）岭，同朋友们谈起忠烈的忠言，没有（一个人）不泪如雨下，可以想见当日城被围时的光景。忠烈的音容笑貌仿佛就在人们眼前，（这也说明）不必去问他果真成仙成佛了没有，更何况假托他没有死而冒他的名义呢！

史可法的坟墓旁还有镇江姓钱的烈女之墓，也是乙酉那年在扬州，计五次自杀才得以死去，自杀时告诉父母要将自己火化，不要将尸骨留在这污秽的土地，扬州人就把她葬在这里。江西人王猷定、陕西人黄遵严、广东人屈大均曾为她作传、撰铭、写哀词。

但还有未能全被表彰出来的：我听说史可法的兄弟从翰林学士史可程以下，还有好几人，后来都到江都祭扫史可法墓。正逢英山、霍山义军失败，捉到了托名而假冒史可法的人，清兵大将把他押送到江都，下令让史氏门中的男子和妇女都来辨认。这时史可法的第八个弟弟已死，他的夫人年轻漂亮，为他守节，也出来看这个托名者。大将军看上了她的美色，想强迫娶她，夫人自杀而死。当时因为她出于大将所逼，人们慑于势而不敢表彰她。

史可法曾痛恨史可程降清，在国家沦亡之际，不能保持节操，而写奏章谴责他。怎会知道在自己死后，竟然有弟媳妇凭女子之身继承夫兄所留下的功绩！梅花像雪，芳香而不染尘埃，将来如果有人修建忠烈祠，马鸣騄副使等想必要列入从祀的位置，还应当另外建一室来祭祀夫人，再附上烈女一辈。

文章赞颂了史可法忠于职守、慷慨就义的高贵品质和爱国群众反抗强暴、誓死不屈的崇高气节，并对洪承畴之类的汉奸作了无情的讽刺，抒发了作者的民族意识。作者首先用简练的笔墨交代史可法慷慨就义的经过及梅花岭衣冠冢之由来；然后叙述民间传说史可法未死，假托他的名义起兵抗清，借以引出一番议论，赞扬忠义之士“其气浩然，常留天地之间”；最后写丹徒民女钱氏和史可法弟媳不屈殉难。通篇以叙事为主而夹以议论，层次井然，前后照应，始终不离表彰忠义、讥讽叛臣这一中心。结尾紧扣题目，以“梅花如雪，芳香不染”比喻抗清志士的坚贞高洁，流露出作者的无限崇敬之情。

文章所写内容头绪多，时间跨度大，但都用梅花岭一线贯穿起来，条理十分清楚。全文紧扣史可法的英勇就义，按就义前、就义时、就义后的顺序叙述，最后对就义加以议论，总结全文。文章处处照应梅花岭这个地点，并注意选取史可法事迹中典型的细节来表现史可法的精神。

文章主题明确，感情深沉，寓褒贬于客观叙述之中，语言含蓄精练，富有感染力。严酷的文网迫使作者避实就虚，巧构思，精剪裁，对史可法的战斗经过简略记述，而用大量篇幅记述其语言、行动和有关传说，通过正面描写和侧面烘托的方法，塑造抗清义士的高大形象。文章叙议结合，记叙部分突出史可法的民族气节，生动传神；议论的文字则揭示其殉难的意义，深化了文章的主旨。

思考寄语

古往今来，正是许多像史可法一样的民族英雄救国家于危亡中。虽然扬州城破，但是史公凛然赴死的伟大从容的精神照耀古今，激励后人不断前行。清廷文字狱横行，全祖望敢于写文纪念史公亦堪称伟大，他们都是中华民族的脊梁！

3 党费（节选）

诵读主体

我上了阁楼，从楼板缝里往下看，看见她把菜筐子用草盖了盖，很快地抱起孩子亲了亲，把孩子放在地铺上，又霍地转过身来，朝着我说："程同志，既然敌人已经发觉了，看样子是逃不脱这一关了，万一我有个什么好歹，八角坳的党组织还在，反'夺田'已经布置好了，我们能搞起来！以后再联络你找胡敏英同志，就是刚才来的那个女同志。你记着，她住西头从北数第四个窝棚，门前有一棵小榕树……"她指了指那筐咸菜，又说："你可要想着把这些菜带上山去，这是我们缴的党费！"

停了一会儿，她侧耳听了听外面的动静，又说话了，只是声音又变得那么和善了："孩子，要是你能带，也托你带上山去，或者带到外地去养着，将来咱们的红军打回来，把她交给卢进勇同志。"话又停了，大概她的心绪激动得很厉害。"还有，上次托你缴的钱，和我的党证，也一起带去；有一块钱买盐用了。我把它放在砂罐里，你千万记着带走！"

话刚完，白鬼子已经赶到门口了。她连忙转过身来，搂着孩子坐下，慢条斯理地理着孩子的头发。我从板缝里看她，她还像第一次见面时那么和善，那么安详。

白鬼们在屋里到处翻了一阵，眼看着泄气了，忽然一个家伙发现了那一箩筐咸菜，一脚把箩筐踢翻，咸菜全撒了。白鬼用刺刀拨着咸菜，似乎看出了什么，问："这咸菜是哪来的！"

"自己的！"

"自己的！干吗有这么多的颜色！这不是凑了来往山上送的？"那家伙打量了一下屋子，命令其他白鬼说："给我翻！"

就这么间房子，要翻还不翻到阁楼上来？这时，只听得她大声地说："知道了还问什么！"她猛地一挣跑到了门口，直着嗓子喊："程同志，往西跑啊！"

两个白匪跑出去，一阵脚步声往西去了，剩下的两个白匪扭住她就往外走。

我原来想事情可以平安过去的，现在眼看她被抓走了，我能眼看着让别人替我去牺牲？我得去！凭我这身板，赤手空拳也干个够本！我刚打算往下跳，只见她扭回头来，两眼直盯着被惊呆了的孩子，拉长了声音说："孩子，好好地听妈妈的话啊！"

这是我听到她最后的一句话。

这句话使我想到刚才发生情况时她说的话，我用力抑制住了冲动。但是这句话也只有我明白，"听妈妈的话"，妈妈，就是党啊！

当天晚上，村里平静了以后，我把孩子哄得不哭了。我收拾了咸菜，从砂罐里菜窝窝底下找到了黄新同志的党证和那一块银洋，然后，把孩子也放到一个箩筐里，一头是菜一头是孩子，挑着上山了。

见了魏政委。他把孩子揽到怀里，听我汇报。他详细地研究了八角坳的情况以后，按照往常做的那样，在登记党费的本子上端端正正地写上：黄新同志1934年11月21日缴到党费……

他写不下去了。他停住了笔。在他脸上我看到了一种不常见的严肃的神情。他久久地抚摸着孩子的头，看着面前的党证和咸菜。然后掏出手巾，蘸着草叶上的露水，轻轻地，轻轻地把孩子脸上的泪痕擦去。

在黄新的名字下面，他再也没有写出党费的数目。

是的，一筐咸菜是可以用数字来计算的，一个共产党员爱党的心怎么能够计算呢？一个党员献身的精神怎么能够计算呢？

知人论世

王愿坚（1929—1991），中国电影编剧、作家，山东诸城市相州人。王愿坚是一位以革命历史题材见长的作家，他的小说短小精悍、结构严谨。他善于截取典型的革命斗争生活片段，选取感人的细节刻画人物，短篇《党费》充分体现了这一特点。

阅读鉴赏

《党费》中讲述了一个单纯而清晰的故事：第二次国内革命战争期间，红军主力开始长征，留下来的游击队在极其艰苦的条件下坚持斗争。在敌人的围剿中，粮食特别是盐的奇缺成为游击队面临的最大困难。于是，共产党员黄新用丈夫出征前留给她做生活费的两块银圆买了“比金子还贵”的盐，和几个党员一起腌制咸菜，作为党费，送给山上的游击队。为了山上的同志，黄新抢回了自己的女儿已经塞进嘴里的一根咸豆角，她说：“只要有咱的党，有咱的红军，说不定能保住多少孩子哩！”

敌人闻讯而来，满屋乱翻，那一篮子咸菜终于暴露，联络员将面临危险。在生与死的考验中，黄新为了同志的安全，为了党的事业，毅然挺身而出，掩护了自己的战友。关键时刻，还拉长声音语义双关叮嘱战友沉着，要顾全大局，完成党的任务，最后从容赴难，用自己的生命向党缴上最后一次党费。

党费！咸菜！生命！山上的同志！更多的孩子！这就是《党费》。

思考寄语

《党费》通过从事地下工作的女共产党员黄新为缴纳党费和掩护同志而壮烈牺牲的故事，生动地表现了在革命危难时刻，苏区人民对党的无比热爱和忠诚，表现了共产党员与党血肉相连的关系，以及为革命利益而英勇献身的崇高精神。节选中的细节描写动人心弦，这一瞬间黄新纯正无私的高尚情操放出夺目光彩，生动地表现出无产阶级英雄本色。

4 谁是最可爱的人（节选）

诵读主体

在朝鲜的每一天，我都被一些东西感动着；我的思想感情的潮水，在放纵奔流着；我想把一切东西都告诉给我祖国的朋友们。但我最急于告诉你们的，是我思想感情的一段重要经历，这就是：我越来越深刻地感觉到谁是我们最可爱的人！

谁是我们最可爱的人呢？我们的战士，我感到他们是最可爱的人。

也许还有人心里隐隐约约地说：你说的就是那些“兵”吗？他们看来是很平凡、很简单的哩。既看不出他们有什么高深的知识，又看不出他们有什么丰富的感情。可是，我要说，这是由于他跟我们的战士接触太少，还没有了解我们的战士：他们的品质是那样的纯洁和高尚，他们的意志是那样的坚韧和刚强，他们的气质是那样的淳朴和谦逊，他们的胸怀是那样的美丽和宽广！

让我还是来说一段故事吧。

还是在二次战役的时候，有一支志愿军的部队向敌后猛插，去切断军隅里敌人的逃路。当他们赶到书堂站时，逃敌也恰恰赶到那里，眼看就要从汽车路上开过去。这支部队的先头连（三连）就匆匆占领了汽车路边一个很低的光光的小山冈，阻住敌人。一场壮烈的搏斗就开始了。敌人为了逃命，用了三十二架飞机、十多辆坦克发起集团冲锋，向这个连的阵地汹涌卷来。整个山顶的土都被打翻了。汽油弹的火焰把这个阵地烧红了。但是，勇士们在这烟与火的山冈上，高喊着口号，一次又一次把敌人打死在阵地前面。敌人的死尸像谷个子似的在山前堆满了，血也把这山冈流红了。可是敌人还是要拼死争夺，好使自己的主力不致覆灭。这场激战整整持续了八个小时。最后，勇士们的子弹打光了。蜂拥上来的敌人占领了山头，把他们压到山脚。飞机掷下的汽油弹，把他们的身上烧着了火。这时候，勇士们是仍然不会后退的呀，他们把枪一摔，向敌人扑去，身上、帽子上呼呼地冒着火苗，把敌人抱住，让身上的火，也把要占领阵地的敌人烧死。……据这个营的营长告诉我，战后，这个连的阵地上，枪支完全摔碎了，机枪零件扔得满山都是。烈士们的遗体，保留着各种各样的姿势，有抱住敌人腰的，有抱住敌人头的，有掐住敌人脖子把敌人摁倒在地上的，和敌人倒在一起，烧在一起。还有一个战士，他手里还紧握着一个手榴弹，弹体上沾满脑浆；和他死在一起的美国鬼子，脑浆迸裂，涂了一地。另一个战士，嘴里还衔着敌人的半块耳朵。在掩埋烈士遗体的时候，由于他们两手扣着，把敌人抱得那样紧，分都分不开，以致把有些人的手指都掰断了。……这个连虽然伤亡很大，他们却打死了三百多敌人，更重要的，他们使得我们部队的主力赶上来，聚歼了敌人。

这就是朝鲜战场上一次最壮烈的战斗——松骨峰战斗，或者叫书堂站战斗。假若需要立纪念碑的话，让我把带火扑敌和用刺刀跟敌人拼死在一起的烈士们的名字记下吧。他们的名字是：王金传、邢玉堂、胡传九、井玉琢、王文英、熊官全、王金侯、赵锡杰、隋金山、李玉安、丁振岱、张贵生、崔玉亮、李树国。还有一个战士，已经不可能知道他的名字了。让我们的烈士们千载万世永垂不朽吧！

这个营的营长向我叙说了以上的情形，他的声调是缓慢的，他的感情是沉重的。他说在阵地上掩埋烈士的时候，他掉了眼泪。但是，他接着说："你不要以为我是为他们伤心，我是为他们骄傲！我觉得我们的战士太伟大了，太可爱了，我不能不被他们感动得掉下泪来。"

朋友们，当你听到这段英雄事迹的时候，你的感想如何呢？你不觉得我们的战士是可爱的吗？你不以我们的祖国有着这样的英雄而自豪吗？

知人论世

作者魏巍（1920—2008），河南郑州人，毕业于延安抗日军政大学，现代作家，原名魏鸿杰，曾用笔名红杨树。代表作：长篇小说《东方》、通讯集《谁是最可爱的人》、散文《我的老师》。中华人民共和国成立后曾任《解放军文艺》副总编、北京军区文化部部长。

阅读鉴赏

1951年3月，魏巍从朝鲜回国，同年4月11日，他撰写的战地通讯《谁是最可爱的人》在《人民日报》头版发表。毛泽东主席读后批示"印发全军"，朱德读后也连声称赞。

作者以饱含深情和诗意的笔触，报道了抗美援朝战场上惊天动地的英雄事迹，展示了中国人民志愿军光照日月的崇高精神，歌颂了中朝两国人民的血肉情谊。《谁是最可爱的人》在朝鲜战场的志愿军内部乃至全国都产生了极其强烈的反响，鼓舞了前方将士的斗志和勇气，激发了国内支援抗美援朝运动的热情。“最可爱的人”也成为志愿军官兵的光荣称号，写给“最可爱的人”的慰问信从祖国四面八方飞过鸭绿江。

魏巍曾回忆说：“他们由于岗位与能力的不同，认识有些差异，但是都有着共同的一点，即对于伟大祖国的爱，对于朝鲜人民深刻的同情，和在这基础上做一个革命英雄的荣誉心。于是，我了解了在党的教育下这种伟大深厚的爱国主义与国际主义的思想和感情，就是我们的战士英勇无畏的最基本的动力。”

思考寄语

中国人民志愿军与朝鲜军民并肩奋战，击败了美帝国主义的猖狂进攻，保卫了世界和平。抗美援朝战争沉重地打击了美帝国主义，使其遭受空前未有的失败。中国人民所表现出的不怕帝国主义，敢于斗争、敢于胜利的胆识与勇气，不仅向全世界宣告了中国人民的新生及其不可战胜的力量，同时将鼓励我们中华儿女，珍惜和平安宁的生活，牢记历史，继承先辈精神，并以之去建设我们的社会主义国家。

5 论语·子路（节选）

诵读主体

子贡问曰："何如斯可谓之士矣？"子曰："行己有耻，使于四方，不辱君命，可谓士矣。"

曰："敢问其次。"曰："宗族称孝焉，乡党称弟焉。"

曰："敢问其次。"曰："言必信，行必果，硁硁然小人哉！抑亦可以为次矣。"

曰："今之从政者何如？"子曰："噫！斗筲之人，何足算也！"

知人论世

孔子（前551—前479），名丘，字仲尼，鲁国陬邑（今山东曲阜）人，中国古代思想家、政治家、教育家，儒家学派创始人。孔子开私人讲学之风，倡导仁、义、礼、智、信。有弟子三千，其中贤人七十二。曾带领部分弟子周游列国十四年，晚年修订六经（《诗》《书》《礼》《乐》《易》《春秋》）。孔子被后世统治者尊为孔圣人、至圣、至圣先师、大成至圣文宣王先师、万世师表。其思想对中国和世界都有深远的影响，其人被列为"世界十大文化名人"之首。

子贡（前520—前456），复姓端木，名赐，字子贡。儒商鼻祖，春秋末年卫国黎（今河南省鹤壁市浚县）人。孔子的得意门生，儒客杰出代表，孔门十哲之一，善于雄辩，且有干济才，办事通达，曾任鲁国、卫国的丞相。善于经商，留下了"端木遗风"，即指子贡遗留下来的诚信经商的风气，其"君子爱财，取之有道"之风为后世商界所推崇。

《论语》是孔子弟子及再传弟子记录孔子及其弟子言行的语录集，成书于战国前期，共20篇492章，以语录体为主，以叙事体为辅，较为集中地体现了孔子及儒家学派的政治主张、伦理思想、道德观念及教育原则等。全书语言简练，浅近易懂，用意深远。

阅读鉴赏

子贡问道：“怎样才可以叫作士？”孔子说：“自己在做事时有知耻之心，出使外国各方，能够完成君主交付的使命，可以叫作士。”

子贡说：“请问次一等的呢？”孔子说：“宗族中的人称赞他孝顺父母，乡党们称赞他尊敬兄长。”

子贡又问：“请问再次一等的呢？”孔子说：“说到一定做到，做事一定果敢，不问是非地固执己见，那是小人啊。但也可以说是再次一等的士了。”

子贡说：“现在的执政者，您看怎么样？”孔子说：“唉！这些器量狭小的人，哪里算得上士呢？”

本文选自《论语·子路》篇。选文中，孔子按照要求从高到低把“士”划分为三个不同的层次：上士、中士和下士。

“上士”是国家级的士，就是孔子所说的怀有羞耻之心、出使他国不辱使命的人。因为在春秋战国时期，战乱不已，各国对能化解复杂矛盾、出使别国进行周旋的人才非常重视。当然，前提是这个人道德修养没问题，就是孔子所言“行己有耻”，上要维护国家利益不受损失，下要维护个人尊严不受伤害。在此基础上不辱君命，才称得上是“上士”。

“中士”指宗族级的士。要时刻铭记孝悌之义，关爱父母兄弟。在那个时代，孝悌的意义在于通过关爱亲人这种实际行动达到凝聚并团结种族宗族的目的，增强人们的宗族认同感。因为古代社会就是由无数个以宗族为单位的个体共同组成的，只要宗族团结、人们的宗族认同感强烈，那么整个社会就能正常有序地运行。个人能做到谨守孝悌之义既是对家族的贡献，也是对国家的贡献。

“下士”是指朋友级的士。虽然“硁硁然小人”，但能讲信义、重行为，还是值得称道的。古人讲，与友人交，一定要言而有信。

两千年以前孔子对“士”的定义，也可见古人对良好的品行的重视。

思考寄语

孔子所言的“士”，时至今日依然有它的现实意义：与他人交往不可失信于人，关爱父母，家庭和谐，做人做事有羞耻之心，热爱祖国，有民族大义，为实现中国梦贡献一己之力……为达到“士”的标准，我们要做的还有很多。

6 枢言（节选）

诵读主体

先王贵诚信。诚信者，天下之结也。贤大夫不恃宗，至士不恃外权。坦坦之利不以功，坦坦之备不为用。故存国家，定社稷，在卒谋之间耳。

圣人用其心，沌沌乎博而圜，豚豚乎莫得其门，纷纷乎若乱丝，遗遗乎若有从治。故曰，欲知者知之，欲利者利之，欲勇者勇之，欲贵者贵之。彼欲贵，我贵之，人谓我有礼；彼欲勇，我勇之，人谓我恭；彼欲利，我利之，人谓我仁；彼欲知，我知之，人谓我慜。戒之戒之，微而异之，动作必思之，无令人识之，卒来者必备之。信之者，仁也。不可欺者，智也。既智且仁，是谓成人。

知人论世

管仲（？—前645），姬姓，管氏，名夷吾，字仲，谥敬，颍上（今安徽颍上）人。中国古代著名经济学家、哲学家、政治家、军事家。春秋时期法家代表人物，周穆王的后代。齐僖公三十三年（前698），开始辅佐公子纠。齐桓公元年（前685），得到鲍叔牙推荐，担任国相，辅佐齐桓公成为春秋五霸之首。对内大兴改革、富国强兵；对外尊王攘夷，九合诸侯，一匡天下，被尊称为“仲父”。齐桓公四十一年（前645）病逝。被后人尊称为“管子”，被誉为“法家先驱”“圣人之师”“华夏文明保护者”“华夏第一相”。

阅读鉴赏

先王最重视诚信，有了诚信，天下各国就结好了。贤大夫不依靠宗室门第，士不依靠别国同盟。取得平平的小利不视为功，面对平平小富不为所用。所以，存国家、定社稷的大事就在短暂的谋划当中解决了。

圣人运用其心思，好像混混沌沌博大而有道，又透迤使人找不到门，纷纷然好像乱丝，又像有次序可以梳理。因此说，人们想要求知的就让他求知，想要求利的就让他求利，想要求勇的就让他求勇，想要求地位的就让他求地位。他想求地位，我就许他求地位，人家会说我有礼；他想求勇，我就许他求勇，人家会说我恭；他想求利，我就许他求利，人家会说我仁；他想求知，我就许他求知，人家会说我聪敏。但是要注意戒备，隐微而庇翼自己，动作一定要深思，不要被人识透；对于突然到来的事件，必须有防备。对人有信叫作仁，不被欺瞒叫作智，既智且仁，就可以说是成熟的人了。

《管子》一书原为86篇，至唐又亡佚10篇，今本存76篇。其实《管子》同先秦许多典籍一样，既非一人之著，亦非一时之书，它是一部稷下学派的文集汇编。今存的76篇篇幅宏伟，内容复杂，思想丰富，包含道、儒、名、法、兵、阴阳等家的思想，以及天文、舆地、经济和农业等方面的知识，是研究中国古代特别是先秦学术文化思想的重要典籍。

《枢言》是《管子》第十二篇，是管仲创作的一篇散文。它最早将“诚”与“信”二者连起来使用。“诚信者，天下之结也”，管仲特别突出诚信的重要性，将其看作天下伦理秩序的基础。

重视诚信的作用在儒家思想中尤为突出，孔子强调“民无信不立”，指出诚信是治理国家的重要思想，是国与国之间交往所应遵守的道义标准，更是人际交往应遵守的基本道德规范，要做到“言而有信”。孟子进一步发展了孔子的思想，将“朋友有信”与“君臣有义”“长幼有序”“夫妇有别”“父子有亲”相结合，统称为“五伦”。

汉代董仲舒将“信”与仁、义、礼、智并列为“五常”，将其视为最基本的社会行为规范。

思考寄语

人无信不立，国无信不兴。“诚信”是中华民族的传统美德，是社会主义核心价值观的重要内容。“诚”侧重于内心层面，指内心情感的真实无伪、自然流露。“信”侧重于人际交往层面，指言而有信、遵守信用。一个人只有内诚于心，方能外信于人。

7 皇甫绩传（节选）

诵读主体

皇甫绩字功明，安定朝那人也。绩三岁而孤，为外祖韦孝宽鞠养。尝与诸外兄弈棋，孝宽以其惰业，督以严训，愍绩孤幼，特舍之。绩叹曰："我无庭训，养于外氏，不能克躬励己，何以成立？"深自感激，命左右自杖三十。孝宽闻而对之流涕。于是精心好学，略涉经史。

知人论世

《皇甫绩传》出自《隋书·皇甫绩传》，是唐代魏徵主编的一篇传记。魏徵（580—643），字玄成，下曲阳县（今河北晋州）人，后迁居相州内黄（今河南内黄）。唐代政治家。武德时为太子洗马。贞观时历官谏议大夫、秘书监、侍中，参与朝政。贞观初朝臣论政，他主张"偃革兴文，布德施惠，中国既安，远人自服"。李世民接受他的主张，终至天下安定。后数被召见，访问得失，魏徵尽诚献智，知无不言，其言论多载于《贞观政要》。诏修周、隋、齐、梁、陈五代史事，各史有专人负责，令魏徵总加撰定，时称良史。因丧乱后典籍纷杂，建议集学者校订四部书，数年之间，秘府图籍渐备；以《礼记》庞杂无序，建议重加改编，数年成《类礼》二十卷。又主编《群书治要》。所著今存有《魏郑公谏录》五卷、《魏郑公文集》三卷、《魏郑公诗集》一卷。

皇甫绩（541—592），字功明，安定郡朝那县（今甘肃省灵台县朝那镇）人。北周到隋朝时期的大臣，胡州刺史皇甫道之子。父母早亡，寄养于外祖父韦孝宽。北周时，曾为鲁公（武帝）侍读，官至御正下大夫。助杨坚总揽朝政，拜上开府，转内史中大夫。入隋，出京为豫州刺史，寻转晋州刺史。隋灭陈后，拜苏州刺史。

阅读鉴赏

皇甫绩三岁的时候父亲便去世，外公很怜爱这个孩子；又因为他特别聪明伶俐，所以外公也格外疼爱他。皇甫绩的外公韦孝宽非常严厉，尤其是对孙辈们更是管教甚严。他请来老师办了私塾，皇甫绩就和表兄弟们一起读书。私塾定下了规矩，谁要是无故完不成作业，就按照家法重打三十大板。某天上完课后，皇甫绩和他的几个表兄在一起下棋。一贪玩，都忘记完成作业了。

这件事被韦孝宽知道了，按照家规，每人打了三十大板。外公看皇甫绩年龄最小，平时又乖巧，再加上没有了父亲，便不忍心打他，只是言语上教育了一番。可是，皇甫绩心里很难过，他明白，自己和表兄犯了一样的错误，耽误了功课。外公不责罚是心疼他，可是自己不能放纵自己，也应按照规矩挨三十大板才成。于是，皇甫绩就让别人责打自己三十大板。皇甫绩认为：这是私塾规矩，触犯规矩就得甘愿受罚，不然的话就是不遵守诺言。从此之后皇甫绩发奋学习，学识渊博。后来皇甫绩做了要官，他从小养成的信守诺言的品德一直没有丢，也使得他在文武百官中享有很高的威望，成为隋朝名臣。

思考寄语

皇甫绩因贪玩而忘了写作业，外公因为疼爱他而没有罚他，但他坚持犯了错就要受罚的原则，不放纵自己。皇甫绩的故事告诉我们，车走直马走斜必依规矩，绿灯行红灯止才成方圆，人犯下错误，就要坚持原则，勇于承担，坦然面对、负起责任才是解决问题的关键。

8 立木取信

诵读主体

令既具，未布，恐民之不信，乃立三丈之木于国都市南门，募民有能徙置北门者予十金。民怪之，莫敢徙。复曰："能徙者予五十金！"有一人徙之，辄予五十金。乃下令。

令行期年，秦民之国都言新令之不便者以千数。于是太子犯法，卫鞅曰："法之不行，自上犯之。太子，君嗣也，不可施刑。刑其傅公子虔，黥其师公孙贾。"明日，秦人皆趋令。行之十年，秦国道不拾遗，山无盗贼，民勇于公战，怯于私斗，乡邑大治。秦民初言令不便者，有来言令便。卫鞅曰："此皆乱法之民也！"尽迁之于边，其后民莫敢议令。

知人论世

司马光（1019—1086），字君实，号迂叟，陕州夏县涑水乡（今山西省夏县）人，世称涑水先生。北宋政治家、史学家、文学家。

司马光宋仁宗宝元元年（1038），进士及第，累迁龙图阁直学士。宋神宗时，反对王安石变法，离开朝廷十五年，主持编纂了编年体通史《资治通鉴》。历仕仁宗、英宗、神宗、哲宗四朝，官至尚书左仆射兼门下侍郎。元祐元年（1086）去世，追赠太师、温国公，谥号文正。名列"元祐党人"，配享宋哲宗庙廷，图形昭勋阁；从祀于孔庙，称"先儒司马子"；从祀历代帝王庙。

他为人温良谦恭，刚正不阿；做事用功，刻苦勤奋。以"日力不足，继之以夜"自诩，堪称儒学教化下的典范。生平著作甚多，主要有《温国文正司马公文集》《稽古录》《涑水记闻》《潜虚》等。

司马光的主要成就反映在学术上。其中最大的贡献，莫过于主持编写《资治通鉴》。《资治通鉴》是中国最大的一部编年史，全书共294卷，近400万字，通贯古今，上起战国初期韩、赵、魏三家分晋（前403），下迄五代（后梁、后唐、后晋、后汉、后周）末年赵匡胤（宋太祖）灭后周以前（959）。作者把这1362年的史实，依时代先后，以年月为经，以史实为纬，顺序记写；对于重大历史事件的前因后果，及其与各方面的关联都交代得清清楚楚，使读者对史实的发展能够一目了然。

阅读鉴赏

本文最初出自《史记》卷六十八《商君列传》，后来司马光在《资治通鉴》中改编成《立木取信》。商鞅从公元前356年至前350年，大规模地推行过两次变法。立木取信，又叫徙木立信，讲的就是有关商鞅变法的故事。

商鞅为了使秦国变得富裕强大，要在全国进行变法。但是当时人们不相信他的话，为了取信于民，商鞅下令在都城南门外立起一根三丈长的木头，并许下诺言：谁能把这根木头搬到北门，赏金十两。围观的人不相信这么简单的事能得到如此之高的奖赏，因此没人愿意出手一试。于是商鞅将赏金提高到五十金。重赏之下必有勇夫，终于有人将木头扛到了北门。商鞅立即赏给他五十金。商鞅说到做到的举动，在百姓心中树立起了威信，变法很顺利地推行开来，秦国也成为一个富裕的国家。

公元前350年，商鞅实行了第二次改革，主要内容：一是废井田，开阡陌（阡陌就是田间的小路）。秦国把小路铲平，也种上庄稼，还把以前作为划分疆界用的土堆、荒地、树林、沟地等，也开垦起来。谁开垦的荒地，就归谁所有，土地可以买卖。二是合并市镇和乡村，组织成县，由国家派官吏直接管理。这样，中央政权更集中了。三是迁都咸阳。为了便于向东发展，把国都从原来的栎阳迁移至渭河北面的咸阳（今陕西咸阳市东北）。

大规模改革引起激烈斗争。许多贵族、大臣都反对新法。有一次，秦国的太子犯了法。商鞅对秦孝公说："国家的法令必须上下一致。要是上头的人不能遵守，下面的人就不信任朝廷了，太子犯法，他的师傅应当受罚。"结果，商鞅把太子的两个师傅公子虔和公孙贾都治了罪，一个割掉了鼻子，一个在脸上刺上字。这样一来，一些贵族、大臣都不敢触犯新法了。过了十年，秦国果然越来越富强，周天子打发使者送祭肉给秦孝公，封他为"方伯"（一方诸侯的首领），中原的诸侯国也纷纷向秦国道贺。魏国不得不割让河西土地，把国都迁到大梁（今河南开封），之后再没有人敢议论法令。

思考寄语

我国自古以来，人们都把诚信列为言行的最高标尺。信用是国家的重宝，坚守信用的国家必定得到民众的信任、世界的信任；信用也是一个人的立身之本，在现代社会，诚信更是人的第二张“身份证”，诚信正直，才能赢得人生的长跑。

9 孟子·离娄章句上（节选）

诵读主体

孟子曰：“居下位而不获于上，民不可得而治也。获于上有道，不信于友，弗获于上矣；信于友有道，事亲弗悦，弗信于友矣；悦亲有道，反身不诚，不悦于亲矣；诚身有道，不明乎善，不诚其身矣。是故诚者，天之道也；思诚者，人之道也。至诚而不动者，未之有也；不诚，未有能动者也。”

知人论世

孟子作为孔子之后儒家学派最重要的代表人物，把孔子“仁”的思想发展为“仁政”的学说，并提出“民贵君轻”的思想，主张国君实行“仁政”，要与民“同乐”。孟子的思想学说形成著作《孟子》。《孟子》记载了孟子的言行，其显著特点一是气势充沛，雄辩而色彩鲜明；二是善于以典型事例、比喻和寓言阐述事理。此文选自《孟子·离娄章句上》。

阅读鉴赏

孟子说："职位低下而得不到上司的信任，是不能治理百姓的。要获得上司的信任有正确的方法，如果不能得到朋友的信任，也就不能获得上司的信任。取信于朋友也有正确的方法，如果侍奉父母而不能博得父母的欢心，也就不能得到朋友的信任。博得父母的欢心也有正确的方法，如果反躬自问而不诚心诚意，也就不能博得父母的欢心。要想诚心诚意也有正确的方法，如果不明白什么是善，也就不能做到真心诚意。因此，所谓的真心诚意，是上天本然的道理；追求真心诚意，是做人的道理。有了至诚的心意而没有感动别人，是从来没有的。不真心诚意，要感动别人也是不可能的。"

诚，真实无妄的意思。"天"指自然，"天之道"就是自然之道，或自然的规律。

自然界的一切，宇宙万物都是实实在在的，真实的，没有虚假的；真实是宇宙万物存在的基础；虚假就没有一切，所以说诚是天之道。既然诚是天之道，人之道就应该思诚；思诚就是追求诚。"思诚者，人之道"，就是说追求诚是做人的根本要求，"思"是理解"诚"的关键所在。这段话是从宇宙万物存在的现实和规律上说明了诚是宇宙万物存在的基础，也是为人的根本，这就从根本上论证了诚的意义。

思考寄语

对一个人而言，诚信很重要，这本是人一出生就具有的本能，是天给的，人人都有，但随着人的成长，诚信会发生变化。只有一个人真正学会用思想去做诚信的事，那他才算是一个真正的人，这才是真正的做人之道！

10 曾国藩家书·日课四条（节选）

诵读主体

慎独则心安。自修之道，莫难于养心。心既知有善知有恶，而不能实用其力，以为善去恶，则谓之自欺。方寸之自欺与否，盖他人所不及知，而己独知之。

故能慎独，则内省不疚，可以对天地，质鬼神，断无行有不慊于心则馁之时。人无一内愧之事，则天君泰然，此心常快足宽平，是人生第一自强之道，第一寻乐之方，守身之先务也。

知人论世

曾国藩（1811—1872），汉族，字伯涵，号涤生。中国近代政治家、战略家、理学家、文学家，湘军的创立者和统帅，曾被誉为“千古第一完人”。与胡林翼并称“曾胡”，与李鸿章、左宗棠、张之洞并称“晚清四大名臣”。官至两江总督、直隶总督、武英殿大学士，封一等毅勇侯，谥曰文正。

曾国藩一生奉行为政以耐烦为第一要义，主张凡事要勤俭廉劳，不可为官自傲。他修身律己，以德求官，礼治为先，以忠谋政，在官场上获得了巨大的成功。曾国藩的崛起，对清王朝的政治、军事、文化、经济等方面都产生了深远的影响。在曾国藩的倡议下，建造了中国第一艘轮船，建立了第一所兵工学堂，印刷翻译了第一批西方书籍，安排了第一批赴美留学生。曾国藩是中国近代化建设的开拓者。

这封家书写于曾国藩去世前两年，所以此家书是他晚年对一生宦途沉浮、为人处世、人生经历的总结与提炼。这也是曾国藩家书中最有影响力的一封，广为人知。本文选自《曾国藩家书·日课四条》其中第一条。

阅读鉴赏

一个人独处时若能在思想、言语、行为上保持谨慎，那他就能在处世时心安理得、心平气和。心里若已明白有善有恶，却不能踏实用力，以求培育善而摒弃恶，就是欺骗自己。是否在心中欺骗自己，别人大概不了解，而自己却知道。

一个人如果能够做到在独处时思想、言语、行为皆谨慎，就可以问心无愧，就对得起天地良心和鬼神的质问，而绝不会有心虚气馁的时候。如果一个人在独处时没有做过一件问心有愧的事，那么他的内心就会十分安稳，自己的心情也常常会是快乐满足、宽慰平和的。这是人生中最好的自强不息的方法、寻找快乐的方法，也是一个人做到持正守身的前提。

曾国藩晚年时总结自己一生的处世经验，给儿子纪泽、纪鸿立了四条遗训，要求他们把遗训悬挂在中堂，每日诵读，时刻遵行，并一代一代传下去，以教导后世子孙。这四条遗训就是“日课四条”，即“一曰慎独则心安，二曰主敬则身强，三曰求仁则人悦，四曰习劳则神钦。”四条当中，慎独是根本。曾国藩常用此二字来砥砺自己的人生，从他的两本遗世之作《家书》和《冰鉴》中，也能看出他在面对战功赫赫、日益骄横的下属和变幻莫测、沉浮不定的官场等各种复杂的人事时所表现出来的坚韧和隐忍精神。

“慎”就是小心谨慎、随时戒备；“独”就是独处，独自行事。意思是说，不靠别人监督，自觉严格控制自己的欲望。曾国藩是以注重品行、为人圆融通达而著称于世的。但是曾国藩在这方面的成就并非一日之功，而是经历了整整一生的辛苦磨难。

思考寄语

在曾国藩的遗嘱中，提到了这修身养性的四大法则：慎独、主敬、求仁、习劳，其中慎独是根。慎独是一种道德修养，是一种坦荡的胸襟，是自省自律的最高境界。

11 荀子·哀公（节选）

诵读主体

鲁哀公问于孔子曰："寡人生于深宫之中，长于妇人之手，寡人未尝知哀也，未尝知忧也，未尝知劳也，未尝知惧也，未尝知危也。"孔子曰："君之所问，圣君之问也。丘，小人也，何足以知之？"曰："非吾子无所闻之也。"孔子曰："君入庙门而右，登自胙阶，仰视榱栋，俯见几筵，其器存，其人亡，君以此思哀，则哀将焉而不至矣？君昧爽而栉冠，平明而听朝，一物不应，乱之端也，君以此思忧，则忧将焉而不至矣？君平明而听朝，日昃而退，诸侯之子孙必有在君之末庭者，君以此思劳，则劳将焉而不至矣？君出鲁之四门以望鲁四郊，亡国之虚则必有数盖焉，君以此思惧，则惧将焉而不至矣？且丘闻之：君者舟也，庶人者水也。水则载舟，水则覆舟，君以此思危，则危将焉而不至矣？"

知人论世

荀子（约前313—前238），名况，字卿，战国末期赵国人。著名思想家、哲学家、教育家，儒家学派的代表人物之一，先秦时代百家争鸣的集大成者。

荀子曾三次担任齐国稷下学宫的祭酒，后为楚兰陵令。晚年蛰居兰陵县著书立说，收徒授业，终老于斯，被称为"后圣"。荀子批判地接受并创造性地发展了儒家正统的思想和理论，主张"礼法并施"；提出"制天命而用之"的人定胜天的思想；反对鬼神迷信；提出性恶论，重视习俗和教育对人的影响，并强调学以致用；其思想集中反映在《荀子》一书中。荀子还整理传承了《诗经》《尚书》《礼》《乐》《易》《春秋》等儒家典籍，为传播保存儒家思想文化做出巨大贡献。

荀子总结百家争鸣的理论成果和自己的学术思想，创立了先秦时期完备的朴素唯物主义哲学体系，他的思想在以后两千多年封建社会的发展中潜移默化地产生着影响。

阅读鉴赏

鲁哀公问孔子说："我出生在深邃的后宫之中，在妇人的哺育下长大，从来不知道什么是悲哀，从来不知道什么是忧愁，从来不知道什么是劳苦，从来不知道什么是恐惧，从来不知道什么是危险。"孔子说："您所问的，是圣明的君主所问的问题。我孔丘，是个小人啊，哪能知道这些？"哀公说："除了您，我没有地方可问啊。"孔子说："您走进宗庙的大门向右，从东边的台阶登堂，抬头看见椽子屋梁，低头看见灵位，那些器物还在，但祖先已经没了，您从这些方面来想想悲哀，那么悲哀之情哪会不到来呢？您黎明就起来梳头戴帽，天亮时就上朝听政，如果一件事情处理不当，就会成为祸乱的发端，您从这些方面来想想忧愁，那么忧愁之情哪会不到来呢？您天亮时上朝处理政事，太阳偏西时退朝，各国逃亡而来的诸侯的子孙一定有等在那朝堂的远处来侍奉您的，您从这些方面来想想劳苦，那么劳苦的感觉哪会不到来呢？您走出鲁国国都的四方城门去瞭望鲁国的四郊，那些亡国的废墟中一定有几处茅屋，您从这些方面来想想恐惧，那么恐惧之情哪会不到来呢？而且我听说过这样的话：君主好比船，百姓好比水。水能载船，也能翻船，您从这个方面来想想危险，那么危险感哪会不到来呢？"

课文通过描写鲁哀公与孔子的对话，进一步阐明了儒家的一些主张，也让读者对儒家思想有了更加深入的了解。孔子提出"生今之世，志古之道；居今之俗，服古之服，舍此而为非者，不亦鲜乎"的观点，荀子认为"古之王者好生而恶杀"，"明主任计（信任计谋）不信怒，暗主信怒不任计"。这些观点也体现出了孔子的"仁义""王道"，被后来的历代君王采用，对各朝代的发展有一定的促进作用。

思考寄语

荀子在修养观上主张以修身为本，强调"学"，提倡"思"，重视"行"；在教育观上主张"以善先人者谓之教""尊师重教""君师合一"，这种思想在当时已经十分先进。在今天，我们每位读者也应该继续传承好这种思想，弘扬社会主义核心价值观，加强知识学习和技能提升，做一名新时代的大国工匠。

12 郑玄谦让无私

诵读主体

郑玄欲注《春秋传》，尚未成。时行与服子慎遇，宿客舍。先未相识。服在外车上与人说己注《传》意，玄听之良久，多与己同。玄就车与语曰："吾久欲注，尚未了。听君向言，多与吾同，今当尽以所注与君。"遂为服氏注。

知人论世

郑玄（127—200），字康成，北海郡高密县（今山东省高密市）人，东汉末年儒家学者、经学大师。

刘义庆（403—444），字季伯，原籍彭城（今江苏省徐州市）人。南朝宋宗室，文学家。宋武帝刘裕之侄，长沙景王刘道怜次子。刘义庆自幼才华出众，聪明过人，爱好文学，在诸王中颇为出色，十分被看重。13岁时，受封为南郡公，后过继给叔父临川王刘道规，袭封临川王，深得宋武帝、宋文帝的信任，备受礼遇。历任左仆射、江州刺史。永初元年（420）封临川王，征为侍中。文帝元嘉时，历仕秘书监、丹阳尹、尚书左仆射、中书令、荆州刺史等。刘义庆是个"为性简素，寡嗜欲，爱好文义"的人，称得上是文人政治家。他一生虽历任要职，但政绩乏善可陈，除了本身个性不热衷外，最重要的就是不愿意卷入刘宋皇室的权力斗争。不少文人雅士集其门下，当时名士如袁淑、陆展、何长瑜、鲍照等人都曾受到他的礼遇。刘义庆38岁开始编撰《世说新语》，可惜的是，《世说新语》一书刚刚撰成，他就因病离开扬州，回到京城不久便英年早逝，时年仅41岁。

阅读鉴赏

郑玄想注《春秋传》，还没有完成。有事外出，与服子慎（虔）不期而遇，同住一个客店，起初彼此互不相识。服虔在客店外的车上和别人谈论自己注这部书的想法。郑玄听了很久，觉得服虔的见解多数和自己相同。于是走到车边，对服虔说："我早就想注《春秋传》，目前还没完成。听了您刚才的话，看法大多与我相同。现在，我应该把自己所作的注全部送给您。"这就是服氏《春秋注》。

《郑玄谦让无私》出自《世说新语》。《世说新语》是第一部文言志人小说集，是魏晋南北朝时期"笔记小说"的代表作，记述自汉末到魏晋时名士贵族的遗闻逸事，主要为有关人物评论、清谈玄言和机智应对的故事。书中所载均属历史上实有的人物，但他们的言论或故事则有一部分出于传闻，不是都符合史实。

文章通过描写郑玄在注《春秋传》过程中与一位素不相识的人结识的故事，表现了郑玄成人之美、心胸开阔、不计名利的高贵品质。

思考寄语

中华民族是一个懂得谦让、礼让的民族。一直以来，华夏儿女秉承着与人为善、贵在谦让的高贵品质，也正因如此，华夏文明才能在五千年的历史长河中璀璨夺目。在生活中，人与人之间难免产生一些矛盾、误会和争论，只要我们能保持谦和、礼让的作风，不仅能化解矛盾，还能展现个人气度，展示个人魅力，折射人生境界。

13 谏太宗十思疏（节选）

诵读主体

臣闻求木之长者，必固其根本；欲流之远者，必浚其泉源；思国之安者，必积其德义。源不深而望流之远，根不固而求木之长，德不厚而思国之理，臣虽下愚，知其不可，而况于明哲乎！人君当神器之重，居域中之大，将崇极天之峻，永保无疆之休。不念居安思危，戒奢以俭，德不处其厚，情不胜其欲，斯亦伐根以求木茂，塞源而欲流长者也。

知人论世

魏徵以性格刚直、才识超卓、敢于犯颜直谏著称。作为太宗的重要辅佐，他曾恳切要求太宗使他充当对治理国家有用的“良臣”，但不要使他成为对皇帝一人尽职的“忠臣”。每进切谏，虽几次极端激怒太宗，而他神色自若，不稍动摇，使太宗也为之折服。为了维护和巩固李唐王朝的封建统治，曾先后陈谏200多事，劝诫太宗以历史的教训为鉴，励精图治，任贤纳谏，本着清静无为、“仁义”行事，无不受到采纳。贞观十三年（639）所上《十渐不克终疏》，在当时和后世都有重要影响。

阅读鉴赏

我听说想要树木生长，一定要稳固它的根；想要泉水流得远，一定要疏通它的源泉；想要国家安定，一定要厚积道德仁义。源泉不深却希望泉水流得远，根系不牢固却想要树木生长，道德不深厚却想要国家安定，我虽然地位低见识浅，（也）知道这是不可能的，更何况（您这）聪明睿智（的人）呢！国君处于皇帝的重要位置，在天地间尊大，就要推崇皇权的高峻，永远保持政权的和平美好。如果不在安逸的环境中想着危难，戒奢侈，行节俭，道德不能保持宽厚，性情不能克服欲望，这也（如同）挖断树根来求得树木茂盛，堵塞源泉而想要泉水流得远啊。

文章是唐代著名谏议良臣魏徵写给李世民的一篇奏疏。李世民即位初期，惰政懒政，对朝中之事关心甚少。此时，魏徵以此为忧，多次上疏切谏，本文是其中的一篇。文章先以比喻开篇，通过成败得失的比较推论，归结到"可畏惟人"，指出了争取人心的重要性。在这篇文章中，魏徵紧扣"思国之安者，必积其德义"，规劝唐太宗在政治上要慎始敬终，虚心纳下，赏罚公正；用人时要知人善任，简能择善；生活上要崇尚节俭，不轻用民力。这在当时历史条件下对安邦治国的重要思想作了非常精辟的论述，其主题是提醒唐太宗要想使国家长治久安，君王必须努力积聚德义，具体提出了居安思危、戒奢以俭等十个建议。写得语重心长，剀切深厚。

同时，要"木茂"就必须"固其根本"，要"流长"就必须"浚其泉源"，这都是生活中的常识。通过类比，推出要"国安"就必须"德厚"，很有论辩力量。在这个基础上，作者进一步以"不念居安思危，戒奢以俭"比作"伐根""塞源"。这样，不居安思危的危害性不言自明，而作者的观点也鲜明地表露出来了。

从开头至"塞源而欲流长者也"，先正说，后反说。以固木之根、浚流之源，来比喻治国需要从积德这个根本做起。这是正说。接着以比喻的手法来反说，"源不深而望流之远，根不固而求木之长，德不厚而思国之理"，是万万不可能的。正说和反说，归结到君主必须"居安思危，戒奢以俭"，否则，那将是"伐根以求木茂，塞源而欲流长者也"，危及治国之本，动摇王朝的根基，葬送李唐的天下。

思考寄语

自古以来，"忠言逆耳"。大到国家治理，小到为人处世，无不蕴含着这些道理。治国者，需要德行天下；处世者，与人为善，坦诚相待。高尚的德行必将产生璀璨的人生。

14 愚公移山

诵读主体

太行、王屋二山，方七百里，高万仞，本在冀州之南，河阳之北。

北山愚公者，年且九十，面山而居。惩山北之塞，出入之迂也，聚室而谋曰："吾与汝毕力平险，指通豫南，达于汉阴，可乎？"杂然相许。其妻献疑曰："以君之力，曾不能损魁父之丘，如太行、王屋何？且焉置土石？"杂曰："投诸渤海之尾，隐土之北。"遂率子孙荷担者三夫，叩石垦壤，箕畚运于渤海之尾。邻人京城氏之孀妻有遗男，始龀，跳往助之。寒暑易节，始一反焉。

河曲智叟笑而止之曰："甚矣，汝之不惠！以残年余力，曾不能毁山之一毛，其如土石何？"北山愚公长息曰："汝心之固，固不可彻，曾不若孀妻弱子。虽我之死，有子存焉。子又生孙，孙又生子；子又有子，子又有孙；子子孙孙无穷匮也，而山不加增，何苦而不平？"河曲智叟亡以应。

操蛇之神闻之，惧其不已也，告之于帝。帝感其诚，命夸娥氏二子负二山，一厝朔东，一厝雍南。自此，冀之南，汉之阴，无陇断焉。

知人论世

本文选自《列子·汤问》。列子是介于老子与庄子之间道家学派承前启后的重要传承人物，是老子和庄子之外的又一位道家学派代表人物。其学本于黄帝、老子，主张清静无为，归同于老庄，被道家尊为前辈。创立了先秦哲学学派贵虚学派（列子学），对后世哲学、美学、文学、科技、养生、乐曲、宗教影响深远。

东汉班固《汉书·艺文志》"道家"部分录有《列子》八卷，早佚。今本《列子》八卷，从思想内容和语言使用上看，或为后人根据古代资料编著。全书共载民间故事、寓言、神话传说等134则，题材广泛，有些颇富教育意义。

阅读鉴赏

北山下面有个名叫愚公的人，年龄将近九十岁了，面对着山居住。他苦于山区北部的阻塞，出来进去都要绕道，于是集合全家人商量说："我跟你们尽全力铲除险峻的大山，使道路一直通向豫州南部，到达汉水南岸，好吗？"大家纷纷表示赞同。他的妻子提出疑问说："凭你的力气，连魁父这座小山也不能削平，能把太行、王屋怎么样呢？再说，挖下来的土和石头又安放在哪里？"众人说："把它扔到渤海的边上，隐土的北边。"于是愚公率领儿孙中能挑担子的三个人上了山，凿石头，挖土，用箕畚运到渤海边上。邻居京城氏的寡妇有个男孩，刚刚换牙的年纪，蹦蹦跳跳地去帮助他。冬夏换季，才能往返一次。

河曲智叟讥笑愚公，阻止他干这件事，说："你真的太愚蠢了！就凭你残余的岁月、剩下的力气，连山上的一棵草都动不了，又能把泥土石头怎么样呢？"北山愚公长叹一声说："你思想顽固，顽固到了不可改变的地步，连孤儿寡妇都比不上。即使我死了，还有儿子在呀；儿子又生孙子，孙子又生儿子；儿子又有儿子，儿子又有孙子；子子孙孙无穷无尽，可是山却不会增高加大，还怕挖不平吗？"河曲智叟无话可答。

手中拿着蛇的山神听说了这件事，怕他不停地干下去，于是向天帝报告。天帝被愚公的诚心感动，命令大力神夸娥氏的两个儿子背走了那两座山，一座放在朔方的东边，另一座放在雍州的南边。从这以后，冀州的南部直到汉水南岸，再也没有高山阻隔了。

愚公移山，首先是一种精神。在巍峨的高山面前，愚公不惧自身的渺小，敢于征服它，这本身就是一种伟大，靠的是吃苦耐劳、水滴石穿的精神，靠的是韧性的奋斗。寒暑易季，始得一返，路途之遥，希望之渺，显而易见。但是，愚公更看重脚下的路，只要这条路从脚下一天天向前延伸，所愿足矣。

思考寄语

愚公用发展的眼光看到子孙的无穷与山高的有限，并且确定了目标就坚持不懈。而我们要想有一番作为，就应该像愚公那样有着顽强的毅力，无论遇到多大的困难，只要排除万难，保持恒心、毅力，坚持做下去，就能达成自己的目标。

15 黍　离

诵读主体

彼黍离离，彼稷之苗。行迈靡靡，中心摇摇。知我者，谓我心忧，不知我者，谓我何求。悠悠苍天！此何人哉？

彼黍离离，彼稷之穗。行迈靡靡，中心如醉。知我者，谓我心忧，不知我者，谓我何求。悠悠苍天！此何人哉？

彼黍离离，彼稷之实。行迈靡靡，中心如噎。知我者，谓我心忧，不知我者，谓我何求。悠悠苍天！此何人哉？

知人论世

《王风·黍离》是中国古代第一部诗歌总集《诗经》中的一首诗。这是东周都城洛邑周边地区的民歌，是一首有感于家国兴亡的诗歌。此诗由物及情，寓情于景，情景相谐，在空灵抽象的情境中传递出悯意情怀，蕴含着主人公绵绵不尽的故国之思和凄怆无已之情。全诗三章，每章十句，其主要特点是用重叠的字句，反复地吟唱，表现出主人公不胜忧郁之状。

阅读鉴赏

《王风·黍离》写远行者经过西周镐京，见宗庙宫室遗址，黍稷离离，抒发他内心的忧伤。作者在写法上采用了一种物象浓缩化而情感递进式发展的方式，因此这首诗具有宽泛和长久地激荡心灵的力量。

全诗共三章，每章十句。三章间结构相同，取同一物象不同时间的表现形式完成时间流逝、情景转换、心绪压抑三个方面的发展，在迂回往复之间表现出主人公不胜忧郁之状。

诗首章写诗人行至宗周，过访故宗庙宫室时，所见一片葱绿，当年的繁盛不见了，昔日的奢华也不见了，就连刚刚经历的战火也难觅印痕了，只见那绿油油的黍在盛长，还有那稷苗萋萋。“一切景语皆情语也”，黍稷之苗本无情意，但在诗人眼中，却是勾起无限愁思的引子，于是他缓步行走在荒凉的小路上，不禁心旌摇摇，充满怅惘。怅惘尚能承受，令人不堪忍受的是这种忧思不能被理解，“知我者，谓我心忧，不知我者，谓我何求”。这是众人皆醉我独醒的尴尬，这是心智高于常人者的悲哀。这种大悲哀诉诸人间是难得回应的，只能质之于天：“悠悠苍天！此何人哉？”苍天自然也无回应，此时诗人的郁懑和忧思便又加深一层。

第二章和第三章，基本场景未变，但“稷苗”已成“稷穗”和“稷实”。稷黍成长的过程颇有象征意味，与此相随的是诗人从“中心摇摇”到“如醉”“如噎”的深化。而每章后半部分的感叹和呼号虽然在形式上完全一样，但在一次次反复中加深了沉郁之气，这是歌唱，更是痛定思痛之后的长歌当哭。

思考寄语

作者忧国忧民，伤时悯乱，最后向天发问：这种历史悲剧是谁造成的？由谁来承担西周灭亡的历史责任？其实作者非常清楚，他不把问题的答案明确说出，而是采用质问的方式，所产生的艺术效果更加强烈，并给读者留下思考的空间。青少年在朗读中也应该践行将国家发展与自我实现相结合的理念，时刻关注国家，关注社会。

16 关　雎

诵读主体

关关雎鸠，在河之洲。窈窕淑女，君子好逑。
参差荇菜，左右流之。窈窕淑女，寤寐求之。
求之不得，寤寐思服。悠哉悠哉，辗转反侧。
参差荇菜，左右采之。窈窕淑女，琴瑟友之。
参差荇菜，左右芼之。窈窕淑女，钟鼓乐之。

知人论世

《诗经》据地域和音乐的不同，分为三个组成部分，分别是风、雅、颂。风也叫国风，是不同地区的地方音乐。《风》诗是从周南、召南、邶、鄘、卫、王、郑、齐、魏、唐、秦、陈、桧、曹、豳等15个地区采集上来的土风歌谣，共有160篇，多数是民歌，少数是贵族作品。所以从《诗经》分类看，这首诗的标题可完整描述为《国风·周南·关雎》。

《国风·周南·关雎》这首短小的诗篇，在中国文学史上占据着特殊的位置。它是《诗经》的第一篇，古人把它冠于305篇之首，说明对它评价很高。而《诗经》是中国最古老的文学典籍，虽然从性质上判断，一些神话故事产生的年代应该还要早些，但作为书面记载，却是较迟的事情。所以差不多可以说，一翻开中国文学的历史，首先遇到的就是《关雎》。

阅读鉴赏

通常认为《关雎》是一首描写男女恋爱的情歌。此诗在艺术上巧妙地采用了

“兴”的表现手法。首章以雎鸟相向合鸣，相依相恋，兴起淑女陪君子的联想。以下各章，又以采荇菜这一行为兴起主人公对女子的相思与追求。全诗语言优美，善于运用双声、叠韵和重叠词，增强了诗歌的音韵美和写人状物、拟声传情的生动性。其声、情、文、义俱佳，足以为《风》之始，三百篇之冠。孔子说：“《关雎》乐而不淫，哀而不伤。”（《论语·八佾》）此后，人们评《关雎》，皆“折中于夫子”（《史记·孔子世家》）。但《关雎》究竟如何呢？

第一章雎鸠和鸣于河之洲上，其兴淑女配偶不乱，是君子的好匹配。这一章的佳处，在于舒缓平正之音，并以音调领起全篇，形成全诗的基调。以“窈窕淑女，君子好逑”统摄全诗。

第二章的“参差荇菜”承“关关雎鸠”而来，也是以洲上生长之物即景生情。“流”，《毛传》训为“求”，不确。因为下文“寤寐求之”已有“求”字，此处不当再有“求”义。“求”字是全篇的中心，整首诗都在表现男子对女子的追求过程，即从深切的思慕到实现结婚的愿望。

第三章抒发求之而不得的忧思。这是一篇的关键，最能体现全诗精神。姚际恒《诗经通论》评云：“此四句于‘寤寐求之’之下，‘友之’‘乐之’二章之上，承上启下，通篇精神全在此处。”林义光《诗经通解》说：“寐始觉而辗转反侧，则身犹在床。”这种对思念情人的心思的描写，可谓“哀而不伤”者也。

第四、五章写求而得之的喜悦。“琴瑟友之”“钟鼓乐之”，都是既得之后的情景。曰“友”，曰“乐”，用字自有轻重、深浅不同。极写快兴满意而又不涉于侈靡，所谓“乐而不淫”。

通篇诗写一个男子对女子的思念和追求过程，写求而不得的焦虑和求而得之的喜悦。

思考寄语

第一，《诗经》共305篇，人们将此诗列为首篇，你认为这说明了什么？

第二，对文学而言，有些话题注定是永恒的，比如爱情。这首最早的爱情诗历来备受推崇，但它既没有感天动地，也没有山盟海誓，甚至男主、女主连手都没拉一下。那么，你觉得这首诗打动人心的力量究竟是什么？

17 蒹　葭

诵读主体

蒹葭苍苍，白露为霜。所谓伊人，在水一方。溯洄从之，道阻且长。溯游从之，宛在水中央。

蒹葭萋萋，白露未晞。所谓伊人，在水之湄。溯洄从之，道阻且跻。溯游从之，宛在水中坻。

蒹葭采采，白露未已。所谓伊人，在水之涘。溯洄从之，道阻且右。溯游从之，宛在水中沚。

知人论世

《蒹葭》选自《诗经》中的《秦风》，《秦风》共十篇，大都是东周时期秦地的民歌。东周时的秦地大致相当于今天的陕西大部及甘肃东部。其地“迫近戎狄”，这样的环境迫使秦人“修习战备，高尚气力”（《汉书·地理志》），而他们的情感也是激昂豪放的。保存在《秦风》里的十首诗也多写征战猎伐、痛悼讽劝一类的事，似《蒹葭》《晨风》这种凄婉缠绵的情致更像郑卫之音的风格。

关于这首诗的内容，历来意见分歧很大。在这里，我们姑且先把它当作一首爱情诗来解读：为追求心中思慕之人不可得而作。

探索人生深刻体验的作品总在后代得到不断的回应。“蒹葭之思”（省称“葭思”）、“蒹葭伊人”成为旧时书信中怀人的套语。曹植的《洛神赋》、李商隐的《无题》诗也是《蒹葭》所表现的主题的回应。而当代台湾通俗小说家琼瑶的一部言情小说就叫作《在水一方》，同名电视剧的主题歌就是以此诗为本改写的。

阅读鉴赏

诗中“白露为霜”给读者传达出节序已是深秋，而天才破晓，因为芦苇叶片上还存留着夜间露水凝成的霜花。就在这样一个深秋的凌晨，诗人来到河边，为的是追寻那思慕的人儿，而出现在眼前的是弥望的芦苇丛，呈现出冷寂与落寞，诗人所苦苦期盼的人儿在哪里呢？只知道在河水的另外一边。但这是一个确定性的存在吗？从下文看，并非如此。是诗人根本就不明伊人的居处，还是伊人像“朝游江北岸，夕宿潇湘沚”的“南国佳人”（曹植《杂诗七首》之四）一样迁徙无定，也无从知晓。这种也许毫无希望但充满诱惑的追寻在诗人脚下和笔下展开。把“溯洄”“溯游”理解成逆流而上和顺流而下或者沿着弯曲的水道和沿着直流的水道，都不会影响到对诗意的理解。在白居易《长恨歌》中，杨贵妃消殒马嵬坡后，玄宗孤灯独守，寒衾难眠，通过道士鸿都客“上穷碧落下黄泉”的寻找，仍是“两处茫茫皆不见”，但终究在“虚无缥缈”的海外仙山上找到了已成仙的杨贵妃，相约重逢于七夕。而《蒹葭》中，诗人一番艰辛的上下追寻后，伊人仿佛在河水中央，周围流淌着波光，依旧无法接近。在《周南·汉广》中，诗人也因为汉水太宽无法横渡而不能求得“游女”，陈启源说：“夫说（悦）之必求之，然惟可见而不可求，则慕说益至。”（《毛诗稽古编·附录》）“可见而不可求”，可望而不可即，加深着渴慕的程度。诗中“宛”字表明伊人的身影是隐约缥缈的，或许根本就是诗人痴迷心境下生出的幻觉。以下两章只是对首章文字略加改动而成，这种仅对文字略加改动的重章叠唱是《诗经》中常用的手法。具体到此诗，这种改动都是在韵脚上——首章“苍、霜、方、长、央”属阳部韵，次章“萋、晞、湄、跻、坻”属脂微合韵，三章“采、已、涘、右、沚”属之部韵——如此形成各章内部韵律协和而各章之间韵律参差的效果，给人的感觉是：变化之中又包含了稳定。同时，这种改动也造成了语义的往复推进。如“白露为霜”“白露未晞”“白露未已”——夜间的露水凝成霜花，霜花因气温升高而融为露水，露水在阳光照射下蒸发——表明了时间的延续。

诗意的空泛虚幻给阐释带来了麻烦，但也因而扩展了其内涵的包容空间。读者触及隐藏在描写对象后面的东西，就感到这首诗中的物象，不只是被诗人拿来单纯地歌咏，其中更蕴含着某些象征的意味。“在水一方”为企慕的象征，钱锺书《管锥编》已申说甚详。“溯洄”“溯游”“道阻且长”“宛在水中央”也不过是反复追寻与追寻的艰难和渺茫的象征。诗人上下求索，而伊人虽隐约可见却依然遥不可及。《西厢记》中莺莺在普救寺中因被母亲拘系而不能与张生结合，叹惜“隔花阴，人远天涯近”，《蒹葭》中的诗人也是同样的感觉吧。

诗人的追寻似乎就要成功了，但终究还是水月镜花。古希腊神话中有一则说坦塔罗斯王因自我吹嘘犯下罪过而遭受惩罚——忍受永远的焦渴和饥饿之苦。

他站在大湖中，湖水深及他的下颌，湖岸长着果树，累累果实就悬在他的头顶。可是，当他口渴低头喝水时，湖水便退去；当他腹饥伸手摘果时，树枝便荡开，对于清泉佳果他始终可望而不可即。目标的切近反而使失败显得更让人痛苦、惋惜，最让人难以接受的失败是距离成功仅一步之遥的失败。

思考寄语

《诗经》在写作上具有四言为主、重章叠句的特点，普遍采用赋、比、兴的手法。请分析此诗是否具备上述特点。

18 老子（节选）

诵读主体

道可道，非常道；名可名，非常名。

无，名天地之始；有，名万物之母。

故常无，欲以观其妙；常有，欲以观其徼（jiào）。此两者，同出而异名，同谓之玄。

玄之又玄，众妙之门。

知人论世

《老子》又名《道德经》，春秋时期老子（李耳）的哲学作品，又称《道德真经》《五千言》《老子五千文》，是中国古代先秦诸子分家前的一部著作，是道家哲学思想的重要来源。《道德经》分上、下两篇，第一章到第三十七章叫作“道经”，此谓上篇；第三十八章到第八十一章叫作“德经”，谓之下篇。

《道德经》文本以哲学意义之“道德”为纲宗，论述修身、治国、用兵、养生之道，而多以政治为旨归，乃所谓“内圣外王”之学，文意深奥，内涵广博，被誉为“万经之王”。

老子，姓李名耳，字聃，一字伯阳，春秋末期人，中国古代思想家、哲学家、文学家和史学家，道家学派创始人和主要代表人物，曾被列为世界文化名人、世界百位历史名人之一。

阅读鉴赏

可以用特定的语言来说明的“道”，就不是恒久的“道”；可以用特定的名称来称呼的“名”，就不是恒久的“名”。“无”，这个词是来称呼天地的开始的；“有”，这个词是来称呼万物的根源的。所以，常从“无”中，去观察“道”的要妙；常从“有”中，去观察“道”的边界。“无”和“有”这两者是相同的，都是从“道”这个本源出来的，只不过名称不同罢了，它们都是非常幽远莫测的。玄妙莫测啊！玄妙莫测啊！“道”是通往一切玄妙的大门。

第一章是《道德经》的开篇之作，这是老子对于“道”这个概念的总括性的描述：道，非当时社会一般的道，即人伦、常理之道，也非时人所能命名之道。“道”在老子那里已经超越了世俗社会生活，更加接近于自然法则之道，因为天地万物的始基与母源在于“道”，由道开始，“道生一，一生二，二生三，三生万物”。由此，老子用“玄之又玄”来描述道的特殊性与深奥性，其实这个“道”虽然“视之而弗见”“听之而弗闻”“搢之而弗得”，但老子所言之道并不远人，这里只是用“玄”来强调他所言之道与当时社会所言之道的差异性，并且阐述他所言之道的超然性与根基性。

思考寄语

宇宙万物的发展遵循“道”，“道”孕育万物，万物不能离开“道”，这就叫作“返”——回到它自己本身。“道”是最根本的，中国古代思想家除老子、庄子之外，多半只重视人生观和政治观，老子则从宇宙观落实到人生观和政治观。他先考察宇宙的形成，然后发现其规律，用规律来说明应该怎样为人，怎样为国。

19 开宗明义章第一

诵读主体

仲尼居，曾子侍。子曰："先王有至德要道，以顺天下，民用和睦，上下无怨。汝知之乎？"曾子避席曰："参不敏，何足以知之？"子曰："夫孝，德之本也，教之所由生也。复坐，吾语（yù）汝。身体发肤，受之父母，不敢毁伤，孝之始也。立身行道，扬名于后世，以显父母，孝之终也。夫孝，始于事亲，中于事君，终于立身。《大雅》云：'无念尔祖，聿（yù）修厥德。'"

知人论世

《孝经》是中国古代儒家的伦理著作，儒家十三经之一。传说是孔子所作，但南宋时已有人怀疑是出于后人附会。《孝经》，以孝为中心，比较集中地阐述了儒家的伦理思想，它肯定"孝"是上天所定的规范，"夫孝，天之经也，地之义也，民之行也"。指出孝是诸德之本，认为"人之行，莫大于孝"，国君可以用孝治理国家，臣民能够用孝立身理家。《孝经》首次将孝与忠联系起来，认为"忠"是"孝"的发展和扩大，并把"孝"的社会作用推而广之，认为"孝悌之至"就能够"通于神明，光于四海，无所不通"，也对实行"孝"的要求和方法作了系统而详细的规定。

阅读鉴赏

孔子在家里闲坐，他的学生曾子侍坐在旁边。孔子说："先代的帝王有其至高无上的品行和最重要的道德，以其使天下人心归顺，人民和睦相处。人们无论是尊贵还是卑贱，上上下下都没有怨恨不满。你知道这是为什么吗？"曾子站起身来，离开自己的座位回答说：“学生我不够聪敏，哪里会知道呢？”孔子说：“这就是孝。它是一切德行的根本，也是教化产生的根源。你回原来位置坐下，我告诉你。人的身体四肢、毛发皮肤，都是父母给予的，不敢予以损毁伤残，这是孝的开始。人在世上遵循仁义道德，有所建树，显扬名声于后世，从而使父母显赫荣耀，这是孝的终极目标。所谓孝，最初从侍奉父母开始，然后效力于国君，最终建功立业，功成名就。《诗经·大雅·文王》篇中说过：‘怎么能不感念你的先祖的意旨呢？要修行自身的美德啊！’”

《孝经》开宗明义章第一，短短121个字，微言大义，句句经典，阐发《孝经》的宗旨，阐明孝道的基本义理。流传后世的成语“开宗明义”，就是典出《孝经》。孔子为曾子讲述孝道，重点讲了三个问题，一是孝的地位，孝是先王至德要道，是德之本，是教之生；二是孝的终始，惜身不敢毁伤为始，立身扬名显亲为终；三是孝的三个阶段，始于事亲，中于事君，终于立身。孝的核心就是以孝治天下，把孝的内涵由事亲为父母尽责，向内挖掘到惜身为自己负责，向外延伸到事君为国奉献，最终立身行道，立功报国，扬名显亲，实现多赢。

思考寄语

孝道，可分成三个阶段，幼年时期，一开始，便是承欢膝下，侍奉双亲。到了中年，便要充当公仆，替长官办事，借以为国家尽忠，为民众服务。到了老年，就要检查自己的身体和人格道德，没有缺欠，也没有遗憾，这便是立身，这才是孝道的完成。《孝经》开启孝与政治的结合之篇，成为统治阶级治国理政的伦理工具。孔子关于孝的终始和三个阶段理论，在当今用于以孝修身齐家，孝行天下，立功立德，仍有借鉴意义。

20 叔向贺贫

诵读主体

叔向见韩宣子，宣子忧贫，叔向贺之。

宣子曰："吾有卿之名而无其实，无以从二三子，吾是以忧，子贺我，何故？"

对曰："昔栾武子无一卒之田，其宫不备其宗器，宣其德行，顺其宪则，使越于诸侯。诸侯亲之，戎狄怀之，以正晋国。行刑不疚，以免于难。

及桓子，骄泰奢侈，贪欲无艺，略则行志，假货居贿，宜及于难，而赖武之德，以没其身。

及怀子，改桓之行，而修武之德，可以免于难，而离桓之罪，以亡于楚。

夫郤昭子，其富半公室，其家半三军，恃其富宠，以泰于国。其身尸于朝，其宗灭于绛。

不然，夫八郤五大夫三卿，其宠大矣，一朝而灭，莫之哀也，唯无德也。

今吾子有栾武子之贫，吾以为能其德矣，是以贺。若不忧德之不建，而患货之不足，将吊不暇，何贺之有？"

宣子拜，稽首焉，曰："起也将亡，赖子存之，非起也敢专承之，其自桓叔以下，嘉吾子之赐。"

知人论世

《叔向贺贫》是春秋时期历史典故，被记录于《国语·晋语八》中。《国语》，又名《春秋外传》或《左氏外传》。相传为春秋末鲁国左丘明所撰。《国语》是中国最早的一部国别体史书，凡二十一卷（篇），分周、鲁、齐、晋、郑、楚、吴、越八国记事。记事时间，起自西周中期，下迄春秋战国之交，前后约500年。相较《左传》，《国语》所记事件大都不相连属，且偏重记言，往往通过言论反映事实，以人物之间的对话刻画人物形象，具有一定的文学价值。

阅读鉴赏

叔向去拜见韩宣子，韩宣子正为贫困而发愁，叔向却向他表示祝贺。

宣子说："我有卿大夫的名称，却没有卿大夫的财富，没有什么荣誉可以跟其他的卿大夫们交往，我正为此发愁，你却祝贺我，这是什么缘故呢？"

叔向回答说："从前栾武子没有一百顷田，家里穷得连祭祀的器具都备不齐全；可是他能够传播德行，遵循法制，名闻于诸侯各国。各诸侯国都亲近他，一些少数民族都归附他，因此使晋国安定下来，执行法度，没有弊病，因而避免了灾难。传到桓子时，他骄傲自大，奢侈无度，贪得无厌，犯法胡为，放利聚财，该当遭到祸难，但依赖他父亲栾武子的余德，才得以善终。传到怀子时，怀子改变他父亲桓子的行为，学习他祖父武子的德行，本来可以凭这一点免除灾难；可是受到他父亲桓子的罪孽的连累，因而逃亡到楚国。那个郤昭子，他的财产抵得上晋国公室财产的一半，他家里的用人抵得上三军的一半，他依仗自己的财产和势力，在晋国过着极其奢侈的生活，最后他的尸体在朝堂上示众，他的宗族在绛这个地方被灭亡了。如果不是这样的话，那八个姓郤的中有五个做大夫，三个做卿，他们的权势够大的了，可是一旦被诛灭，没有一个人同情他们，只是因为没有德行的缘故！现在你有栾武子的清贫境况，我认为你能够继承他的德行，所以表示祝贺，如果不忧愁德行的建立，却只为财产不足而发愁，我表示哀怜还来不及，哪里还能够祝贺呢？"

宣子于是下拜，并叩头说："我正在趋向灭亡的时候，全靠你拯救了我。你的恩德不敢独自承受，恐怕从我的祖宗桓叔以下的子孙，都要感谢您的恩赐。"

本文通过人物对话的方式，先提出"宣子忧贫，叔向贺之"这个出人意料的问题，然后层层深入地展开论述。文章先不直接说明要贺的原因，而是举出栾、郤两家的事例说明，贫可贺，富可忧，可贺可忧的关键在于是否有德。继而将宣子与栾武子加以类比，点出可贺的原因，并进一步指出，如果不建德而忧贫，则不但不可贺，反而是可吊的，点出本文的中心论点。最后用韩宣子的拜服作结，说明论点，有巨大的说服力。这样既把道理讲得清清楚楚，又使人感到亲切自然。

思考寄语

人究竟凭借什么与他人成为朋友？韩宣子所困惑的并不是贫困，而是应该如何融入卿大夫的队伍里，与他们成为朋友。不可否认，钱财是一把度量尺，可以测量人生“成功”的程度，也可以测量人心“光与暗”的深度。财物确实能够为我们的生活带来诸多便利，能够解决很多麻烦、满足内心的欲望。但叔向却向韩宣子贺贫，是因为在他看来，人在贫困之际更能专注于内心的修行。因此，无论是腰缠万贯还是清贫如洗，都应时刻保持内心的修行，不管是在当时还是在现在，都有很深刻的警示作用。

21 屈原列传（节选）

诵读主体

屈原者，名平，楚之同姓也。为楚怀王左徒。博闻强志，明于治乱，娴于辞令。入则与王图议国事，以出号令，出则接遇宾客，应对诸侯。王甚任之。

上官大夫与之同列，争宠，而心害其能。怀王使屈原造为宪令，屈平属（zhǔ）草稿未定。上官大夫见而欲夺之，屈平不与，因谗之曰：“王使屈平为令，众莫不知，每一令出，平伐其功，曰：以为‘非我莫能为’也。”王怒而疏屈平。

屈平疾王听之不聪也，谗（chán）谄（chǎn）之蔽明也，邪曲之害公也，方正之不容也，故忧愁幽思而作《离骚》。“离骚”者，犹离忧也。夫天者，人之始也；父母者，人之本也。人穷则反本，故劳苦倦极，未尝不呼天也；疾痛惨怛（dá），未尝不呼父母也。屈平正道直行，竭忠尽智，以事其君，谗人间之，可谓穷矣。信而见疑，忠而被谤，能无怨乎？屈平之作《离骚》，盖自怨生也。《国风》好色而不淫，《小雅》怨诽（fěi）而不乱。若《离骚》者，可谓兼之矣。上称帝喾（kù），下道齐桓，中述汤、武，以刺世事。明道德之广崇，治乱之条贯，靡不毕见。其文约，其辞微，其志洁，其行廉。其称文小而其指极大，举类迩而见义远。其志洁，故其称物芳；其行廉，故死而不容。自疏濯（zhuó）淖（nào）污泥之中，蝉蜕于浊秽（huì），以浮游尘埃之外，不获世之滋垢，皭（jiào）然泥而不滓者也。推此志也，虽与日月争光可也。

知人论世

司马迁以其“究天人之际，通古今之变，成一家之言”的史识创作了中国第一部纪传体通史《史记》（原名《太史公书》）。《史记》全书130篇，记载了从上古传说中的黄帝时期，到汉武帝元狩元年（前122）长达3000多年的历史。内容包括十二本纪（记历代帝王政绩）、三十世家（记诸侯国和汉代诸侯、勋贵兴亡）、七十列传（记重要人物的言行事迹，主要叙人臣，其中最后一篇为自序）、十表（大事年表）、八书（记各种典章制度，包括礼、乐、音律、历法、天文、封禅、水利、财用），对后世的影响巨大，被称为“实录”“信史”，列为“二十四史”之首，被鲁迅先生誉为“史家之绝唱，无韵之离骚”。

《屈原列传》节选自《史记·屈原贾生列传》中有关屈原的部分，是一篇风格独特的人物传记。这是现存关于屈原最早的完整的史料，是研究屈原生平的重要依据。

阅读鉴赏

屈原名平，与楚国的王族同姓。他曾担任楚怀王的左徒。见闻广博，记忆力很强，通晓治理国家的道理，熟悉外交应对辞令。对内与怀王谋划商议国事，发号施令；对外接待宾客，应酬诸侯。怀王很信任他。

上官大夫和他同在朝列，想争得怀王的宠幸，心里嫉妒屈原的才能。怀王让屈原制定法令，屈原起草尚未定稿，上官大夫见了就想强行更改它（想邀功），屈原不赞同，他就在怀王面前谗毁屈原说：“大王叫屈原制定法令，大家没有不知道的，每一项法令发出，屈原就夸耀自己的功劳说：除了我，没有人能做到。”怀王很生气，就疏远了屈原。

屈原痛心楚怀王听信谗言，不能分辨是非，谄媚国君的人遮蔽了楚怀王的明见，邪恶的小人危害公正无私的人，端方正直的人不被昏君谗臣所容，所以忧愁深思，就创作了《离骚》。“离骚”，就是遭遇忧愁的意思。上天，是人的本源；父母，是人的根本。人在处境困难时，总是要追念上天和父母（希望给予援助），所以劳累疲倦时，没有不呼叫上天的；病痛和内心悲伤时，没有不呼叫父母的。屈原正大光明，行为正直，竭尽忠心、用尽智慧来侍奉他的国君，却被小人离间，可以说处境很困难。诚信而被怀疑，尽忠却被诽谤，能没有怨愤吗？屈原作《离骚》，是由怨愤引发的。《诗经》中的《国风》，描写爱情而不淫荡，《小雅》有怨刺之言，但不直切愤怒。屈原的《离骚》诗，则两者之美兼而有之。（他）远古提到帝喾，近古提到齐桓公，中古提到商汤、周武王，利用古代帝王这些事讽刺当世社会。阐明道德的广大崇高，治乱的条理，没有不表现出来的。他的文章简约，语言含蓄，他的志趣高洁，行为正直。就其文字来看，不过是寻常事情，但是它的旨趣是极大的，列举的虽是眼前事物，但是表达意思深远。他的志趣高洁，所以作品中多用美人芳草作比喻；他的行为正直，所以至死不容于世。他自动地远离污泥浊水，像蝉脱壳那样摆脱污秽环境，以便超脱世俗之外，不沾染尘世的污垢，出污泥而不染，依旧保持高洁的品德，推究这种志行，即使同日月争光都可以。

司马迁大约因为屈原、贾谊都是文学家，又都怀才不遇，遭受贬谪，贾谊写的《吊屈原赋》又引起他的感慨，因而将屈原、贾谊合写一传。秦朝以前的古书都没有记载屈原的生平事迹，《史记》这篇传记，是记载屈原生平事迹最早、最完整的文献。

《屈原列传》是人物评传，司马迁写屈原是抒愤。一个忠心耿耿的大贤，被谗而终不得用，以致身殉理想。诗人的悲剧，是一个民族的悲剧……联齐抗秦的主张，变法自强的主张，力保楚国无虞，进而可以统一天下，但这个主张损害了楚国群小的利益，再加上楚王昏庸，所以才有这样的悲剧。

司马迁作此传，意在表明小人的谗言私欲、君主的昏庸无能，致使志士穷困，国家丧亡；提出尊贤重道、明察贤佞是国家之福，表旌屈原矢志不渝、至死不悔地坚持自己的操守、价值观。司马迁与屈原有相似的身世：一样的怀才、正直，忠君爱国，有志向；一样的受谗被疏，面临生死抉择。唯一不同的是，屈原是以死明“志”，司马迁是以生践“志”。因此，司马迁是借写屈原的身世抒发自己的感愤。

思考寄语

屈原是我国著名的爱国诗人，面对国家灭亡，屈原并没有卑躬屈膝，而是毅然决然跳下汨罗江，也许这正是中国古代士大夫的共同命运。他所表现出来的忠贞与高洁，从古至今，一直震撼着整个中华民族的心灵，给我们留下了宝贵的精神财富。

22 王国维人生三境界

诵读主体

古今之成大事业、大学问者，必经过三种之境界："昨夜西风凋碧树。独上高楼，望尽天涯路。"此第一境也。"衣带渐宽终不悔，为伊消得人憔悴。"此第二境也。"众里寻他千百度。蓦然回首，那人却在，灯火阑珊处。"此第三境也。此等语皆非大词人不能道。然遽以此意解释诸词，恐为晏、欧诸公所不许也。

知人论世

王国维（1877—1927），初名国桢，字静安，亦字伯隅，初号礼堂，晚号观堂，又号永观，谥忠悫。浙江省海宁州（今浙江省嘉兴市海宁）人。王国维是中国近现代相交时期一位享有国际声誉的著名学者。

阅读鉴赏

"第一境界"原出自晏殊的《蝶恋花》："槛菊愁烟兰泣露，罗幕轻寒，燕子双飞去。明月不谙离恨苦，斜光到晓穿朱户。

昨夜西风凋碧树。独上高楼，望尽天涯路。欲寄彩笺兼尺素。山长水阔知何处。"王国维以这句话形容学海无涯，只有勇于登高远望，才能寻找到自己要达到的目标；只有不畏孤独寂寞，才能探索有成。

"第二境界"两句原出自柳永的《凤栖梧》："伫倚危楼风细细，望极春愁，黯黯生天际。草色烟光残照里，无言谁会凭栏意。

拟把疏狂图一醉，对酒当歌，强乐还无味。衣带渐宽终不悔，为伊消得人憔悴。”王国维以这句话比喻为了寻求真理或者追求自己的理想，废寝忘食、夜以继日，就是累瘦了也不觉得后悔。

“第三境界”原出自辛弃疾的《青玉案》：“东风夜放花千树。更吹落、星如雨。宝马雕车香满路。凤箫声动，玉壶光转，一夜鱼龙舞。

蛾儿雪柳黄金缕。笑语盈盈暗香去。众里寻他千百度。蓦然回首，那人却在，灯火阑珊处。”王国维用这句话比喻经过长期的努力奋斗而无所收获，正值困惑难以解脱之际，突然获得成功的心情。踏破铁鞋无觅处，得来全不费工夫，乃恍然间由失望到愿望达成的欣喜。

思考寄语

从古到今，凡是想做大事的人，都要经历最初事业成就之前的冷寂，独自奋斗，路途崎岖坎坷，甚至希望渺茫，为自己心中的梦想而殚精竭虑，然后再经历种种磨难，在心情灰暗，濒临失败的时候，突然发现事业有成。原来幸福离我们仅仅是一步之遥。

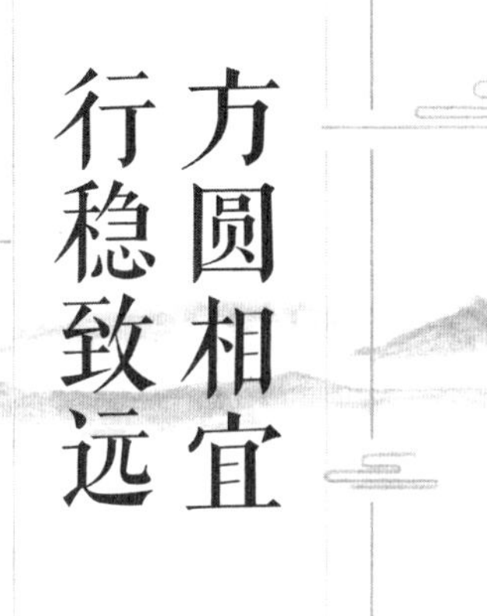
方圆相宜
行稳致远

1 九章·涉江

诵读主体

余幼好此奇服兮，年既老而不衰。
带长铗之陆离兮，冠切云之崔嵬，
被明月兮佩宝璐。
世溷浊而莫余知兮，吾方高驰而不顾。
驾青虬兮骖白螭，吾与重华游兮瑶之圃。
登昆仑兮食玉英，与天地兮同寿，
与日月兮同光。
哀南夷之莫吾知兮，旦余济乎江湘。
乘鄂渚而反顾兮，欸秋冬之绪风。
步余马兮山皋，邸余车兮方林。
乘舲船余上沅兮，齐吴榜以击汰。
船容与而不进兮，淹回水而疑滞。
朝发枉陼兮，夕宿辰阳。
苟余心其端直兮，虽僻远之何伤。
入溆浦余儃佪兮，迷不知吾所如。
深林杳以冥冥兮，乃猿狖之所居。
山峻高以蔽日兮，下幽晦以多雨。
霰雪纷其无垠兮，云霏霏而承宇。
哀吾生之无乐兮，幽独处乎山中。
吾不能变心而从俗兮，固将愁苦而终穷。
接舆髡首兮，桑扈臝行。
忠不必用兮，贤不必以。
伍子逢殃兮，比干菹醢。

与前世而皆然兮，吾又何怨乎今之人！
余将董道而不豫兮，固将重昏而终身！
乱曰：鸾鸟凤皇，日以远兮。
燕雀乌鹊，巢堂坛兮。
露申辛夷，死林薄兮。
腥臊并御，芳不得薄兮。
阴阳易位，时不当兮。
怀信侘傺，忽乎吾将行兮！

知人论世

屈原，战国末期楚国爱国诗人。名平，字原。又自云名正则，字灵均。出身楚国贵族。初辅佐楚怀王，做过左徒、三闾大夫。学识渊博，主张彰明法度，举贤授能，东联齐国，西抗强秦。后遭谗害而去职。楚顷襄王时被放逐，长期流浪沅湘流域。后因楚国的政治更加腐败，郢都也被秦兵攻破，他既无力挽救楚国的危亡，又深感政治理想无法实现，遂投汨罗江而亡。其传世作品保存在刘向辑集的《楚辞》中，主要有《离骚》《九章》《天问》《九歌》等。

阅读鉴赏

《九章·涉江》全篇可分为五段。从开头至"旦余济乎江湘"为第一段，述说自己高尚理想和现实的矛盾，阐明这次涉江远走的基本原因，"奇服""长铗"、"切云"之"冠"、"明月""宝璐"等都用以象征自己高尚的品德与才能。蒋骥说："与世殊异之服，喻志行之不群也。"自流放以来，屈原的年龄一天天大起来，身体也一天天衰老下去，可他从没有放弃过为楚国的进步而努力。朱熹说："登昆仑，言所致之高；食玉英，言所养之洁。"（《楚辞集注》）他坚持改革，希望楚国强盛的想法始终没有减弱，绝不因为遭受打击，遇到流放而灰心。但他心中仍感到莫名的孤独。"世溷浊而莫余知兮""哀南夷之莫吾知兮"，自己的高行洁志却不为世人所理解，这真使人太伤感了。因此，决定渡江而去。

从"乘鄂渚而反顾兮"至"虽僻远之何伤"为第二段，叙述一路走来，途中的经历和自己的感慨。"乘鄂渚"四句，言自己登上今湖北武昌西面的鄂渚，不禁回头看看自己走过的路途，又放马在山皋上小跑，直到方林（亦在今长江北岸）才把车子停住。"乘舲船"四句言自己沿沅江上溯行舟，船在逆水与漩涡中艰难行进，尽管船工齐心协力，用桨击水，但船却停滞不动，很难前进，此情此景正如诗人自己的处境。“朝发枉陼”四句，接写自己的行程，早上从枉陼出发，晚上到了辰阳，足有一日行程，行程愈西，作者思想愈加坚定。他坚信自己的志向是正确的、是忠诚的、是无私的。同时，坚信无论如何的艰难困苦，自己都不感到悲伤。

从“入溆浦余儃佪兮”至“固将愁苦而终穷”为第三段，写进入溆浦以后，独处深山的情景。“入溆浦”四句言已进入溆浦。溆浦在辰阳的万山之中。这里深林杳冥，榛莽丛生，是猿狖所居，而不是人所宜去的地方。“山峻高”四句写深山之中，云气弥漫，天地相连，更进一步描绘沅西之地山高林深，人烟极少的景象。这是对流放地的环境的夸张形容，也是对自己所处政治环境的隐喻，为下文四句作好铺垫。“哀吾生之无乐兮”四句言自己在这样的政治环境和生活环境当中，是无乐可言了。然而就是这样，也绝不改变自己原先的政治理想与生活习惯，绝不与黑暗势力同流合污，妥协变节。

从“接舆髡首兮”至“固将重昏而终身”是第四段，从自己本身经历联系历史上的一些忠诚义士的遭遇，进一步表明自己的政治立场。《论语·微子》说：“楚狂接舆歌而过孔子曰：‘凤兮凤兮！何德之衰！’”《战国策·秦三》说：“箕子接舆，漆身而为厉，被发而为狂。”接舆被发佯狂，是坚决不与统治者合作的表示。《孔子家语》说桑扈“不衣冠而处”，也是一种玩世不恭，不与统治者合作的行为。“接舆”六句是通过两种不同类型的四个事例来说明一个观点：接舆、桑扈是消极不合作，结果为时代所遗弃；伍子胥、比干是想拯救国家改变现实的，但又不免杀身之祸，所以结论是“忠不必用兮，贤不必以”。“与前世而皆然兮”四句说自己知道，所有贤士均是如此，自己又何怨于当世之人！表明自己仍将正道直行，毫不犹豫，而这样势必遭遇重重黑暗，必须准备在黑暗中奋斗终身。

“乱曰”以下为第五段。批判楚国政治黑暗，邪佞之人执掌权柄，而贤能之人却遭到迫害。“鸾鸟凤皇”四句，比喻贤士远离，小人窃位。凤凰是传说中的神鸟，这里比喻贤士。“燕雀乌鹊”用以比喻小人。“露申辛夷”四句言露申辛夷等香草香木竟死于丛林之中，“腥臊”比喻奸邪之人陆续进用，而忠诚义士却被拒之门外。“阴阳易位”四句更点出了社会上阴阳变更位置的情况，事物的是非一切都颠倒了，他竟不得其时。不言而喻，他一方面胸怀坚定的信念，另一方面又感到失意彷徨。既然龌龊的环境难以久留，他将要离开这里远去。

这首诗最突出的一个特点是诗中有一大段纪行文字。这段文字描绘了沅水流域的景物，成为中国最早的一首卓越的纪行诗歌，对后世同类诗歌的创作产生了影响。诗中景物描写和情感抒发的有机结合，达到了十分完美的程度。在诗歌的第二段，通过行程、景物、季节、气候的描写和诗人心灵思想的抒发，刻画了一位饱经沧桑，孤立无助，登上鄂渚回顾走过的道路的老年诗人的形象，又展示了一叶扁舟在急流漩涡中艰难前进的情景，舟中的逐臣正与这小船的遭遇一样，让诗人有着抒发不完的千丝万缕的感情。而诗歌第三段对进入溆浦之后的深山老林的描写，衬托出了诗人寂寞、悲愤的心情，也令人扼腕。此篇比喻象征手法的运用也十分纯熟。诗歌一开始，诗人便采用了象征手法，用好奇服、带长铗、冠切云、被明月、佩宝璐来表现自己的志行，以驾青虬、骖白螭、游瑶圃、食玉英来象征自己高远的志向。最后一段，又以鸾鸟、凤凰、香草来象征正直、高洁；以燕雀、乌鹊、腥臊来比喻邪恶势力，充分抒发了诗人内心对当前社会的深切感受。

思考寄语

《九章·涉江》是战国时期楚国诗人屈原创作的一首诗，是《九章》中的一篇。此诗可分为五段。第一段述说自己高尚理想和现实的矛盾，阐明这次涉江远走的基本原因；第二段叙述一路走来，途中的经历和自己的感慨；第三段写进入溆浦以后，独处深山的情景；第四段从自己本身经历联系历史上的一些忠诚义士的遭遇，进一步表明自己的政治立场；第五段批判楚国政治黑暗，邪佞之人执掌权柄，而贤能之人却遭到迫害。全诗写景抒情有机结合，比喻象征运用娴熟，体现了诗人高超的艺术水平。

2 报任安书（节选）

诵读主体

夫人情莫不贪生恶死，念父母，顾妻子，至激于义理者不然，乃有所不得已也。今仆不幸，早失父母，无兄弟之亲，独身孤立，少卿视仆于妻子何如哉？且勇者不必死节，怯夫慕义，何处不勉焉！仆虽怯懦，欲苟活，亦颇识去就之分矣，何至自沉溺缧绁之辱哉！且夫臧获婢妾，犹能引决，况仆之不得已乎？所以隐忍苟活，幽于粪土之中而不辞者，恨私心有所不尽，鄙陋没世，而文采不表于后也。

古者富贵而名摩灭，不可胜记，唯倜傥非常之人称焉。盖文王拘而演《周易》；仲尼厄而作《春秋》；屈原放逐，乃赋《离骚》；左丘失明，厥有《国语》；孙子膑脚，《兵法》修列；不韦迁蜀，世传《吕氏春秋》；韩非囚秦，《说难》《孤愤》；《诗》三百篇，大底圣贤发愤之所为作也。此人皆意有所郁结，不得通其道，故述往事、思来者。乃如左丘无目，孙子断足，终不可用，退而论书策，以舒其愤，思垂空文以自见。

知人论世

《报任安书》选自《汉书·司马迁传》。《汉书》，又称《前汉书》，是中国第一部纪传体断代史，“二十四史”之一。由班固编撰，前后历时20余年，于建初年中基本修成，后唐朝颜师古为之释注。《汉书》全书主要记述了上起汉高祖元年（前206），下至新朝王莽地皇四年（23）共230年的史事。

阅读鉴赏

人之常情，没有谁不贪生怕死的，都挂念父母，顾虑妻室儿女。至于那些激愤于正义公理的人当然不是这样，这里有迫不得已的情况。如今我很不幸，早早地失去双亲，又没有兄弟互相爱护，独身一人，孤立于世，少卿你看我对妻室儿女又怎样呢？况且一个勇敢的人不一定要为名节去死，怯懦的人如果仰慕大义，什么地方不可以勉励自己死节呢？我虽然怯懦软弱，想苟活在人世，但也稍微懂得区分弃生就死的界限，哪会自甘沉溺于牢狱生活而忍受屈辱呢？再说奴隶婢妾尚且能够下决心自杀，何况像我到了这样不得已的地步！我之所以忍受着屈辱苟且活下来，陷在污浊的监狱之中却不肯死，是遗憾我内心的志愿有未达到的，如果平平庸庸地死了，文章就不能在后世显露。

古时候虽富贵但名字磨灭不传的人，多得数不清，只有那些卓异而不平常的人才在世上著称。西伯姬昌被拘禁而扩写《周易》；孔子受困窘而作《春秋》；屈原被放逐，才写了《离骚》；左丘明失去视力，才有《国语》；孙膑被截去膝盖骨，《兵法》才撰写出来；吕不韦被贬谪蜀地，后世才流传着《吕氏春秋》；韩非被囚禁在秦国，写出《说难》《孤愤》；《诗》三百篇，大都是一些圣贤们抒发愤慨而作的。这些人都是（因为）感情有压抑郁结不解的地方，不能实现其理想，所以记述过去的事迹，让将来的人了解他的志向。就像左丘明没有了视力，孙膑断了双脚，终身不能被人重用，便退隐著书立说来抒发他们的怨愤，想到活下来从事著作来表现自己的思想。

任安是司马迁的朋友，曾在狱中写信给司马迁，让他利用中书令的职位“推贤进士”，司马迁给他回了这封信，即《报任安书》。作者在信中陈述了自己的不幸遭遇，抒发了为著作《史记》而不得不苟且偷生的痛苦心情，表达了自己的光明磊落之志和愤激不平之气。

思考寄语

“人固有一死，或重于泰山，或轻于鸿毛，用之所趋异也。”司马迁用它很好地诠释了自己的生死观。人生短暂，我们无法控制，但它所散发的光辉是我们亲手创造的。为了信念，为了理想，让生命大放异彩，才是活着的价值。

3 老子（节选）

诵读主体

五色令人目盲，五音令人耳聋，五味令人口爽，驰骋畋猎令人心发狂，难得之货令人行妨。是以圣人为腹不为目，故去彼取此。

知人论世

老子，姓李名耳，字聃，一字伯阳，中国古代思想家、哲学家、文学家和史学家，道家学派创始人和主要代表人物之一，与庄子并称“老庄”。

《道德经》内容以哲学意义之“道德”为纲宗，论述修身、治国、用兵、养生之道，而多以政治为旨归，乃所谓“内圣外王”之学，文义深奥，内涵广博，被誉为万经之王。《道德经》是中国历史上伟大的名著之一，对传统哲学、科学、政治、宗教等产生了深刻影响。据联合国教科文组织统计，《道德经》是除了《圣经》以外被译成外国文字发布量最多的文化名著。

阅读鉴赏

五光十色绚丽多彩的颜色，容易使人眼花缭乱；纷繁嘈杂的音调，容易使人耳朵受到伤害；香馥芬芳、浓郁可口的食物，容易败坏人的口味；放马飞驰醉心狩猎，容易使人心情放荡发狂；稀奇珍贵的货物，容易使人失去操守，犯下偷窃的行为。因此，圣人只求三餐温饱，不追逐声色犬马的外在诱惑。所以应该抛去外物的引诱来确保安足纯朴的生活。

本章揭示了“为腹”与“为目”的辩证关系，指出了物欲文明对人的伤害，并通过色彩、声音、味道、狩猎、稀有之物对于人身心的种种伤害，进而导出自己的观点：沉迷于感官上的享乐会导致人感触功能减退，会使人的品行偏离正道。老子坚决排斥这种生活方式，提倡“为腹不为目”的生活态度，眼睛失去辨别事物的能力，就会迷惘。

老子提出“是以圣人为腹不为目”，一句极其通晓明白的话，点明了圣人的生活方式：只满足吃饱肚子这一低级需求，而不满足眼睛欣赏外物的欲求。老子的这一观点并不是反对人们去享受生活，而是警醒人们追求享受要适可而止，不可无限制地满足自己的贪欲。他希望人们能够丰衣足食，实现内在恬淡宁静，而不是追求外在私欲的满足。

思考寄语

在物产丰富的今日，我们更应该保有安宁内在的精神世界，不可被外物引诱迷失自我。

4 见善如不及

诵读主体

孔子曰：“见善如不及，见不善如探汤。吾见其人矣，吾闻其语矣。隐居以求其志，行义以达其道。吾闻其语矣，未见其人也。”

知人论世

题目编者加。语出《论语·季氏篇》。

《论语》是春秋时期一部语录体散文集，主要记录孔子及其弟子的言行，由孔子弟子及再传弟子编纂而成。全书以语录体为主，较为集中地体现了孔子及儒家学派的政治主张、伦理思想、道德观念及教育原则等。南宋时，朱熹将它与《孟子》《大学》《中庸》合为“四书”，使之在儒家经典中的地位日益提高。

阅读鉴赏

孔子说：“看见善良，努力追求，好像赶不上似的；遇见邪恶，使劲避开，好像将伸手到沸水里。我看见这样的人，也听过这样的话。避世隐居求保全他的意志，仗义而行来贯彻他的主张。我听过这样的话，却没有见过这样的人。”

自古以来，乐善好施、诚信友善、与人为善是我们中华民族优秀的传统美德。对善的追求符合我们人类命运共同体的发展方向，同时也蕴含着和谐共赢的价值理念。善对于我们普通人来说，就是心怀善意，关爱他人，与人和谐；对于为政者来说，就是心怀天下，关爱百姓。为政者追求的善，不仅是个人的德，还是社会责任与使命担当。为政者只有以身作则，保持高洁的品行，不流俗、不媚俗、不低俗，坚守向善的社会价值取向，控制贪欲之心，才可以达到善的要求。

思考寄语

人生在世，会遇到种种诱惑，诱惑越大，欲望越大，越容易出问题。只有加强内在修养的锤炼，才能真正有善念，行善举。

5 钱塘湖春行

诵读主体

孤山寺北贾亭西，水面初平云脚低。
几处早莺争暖树，谁家新燕啄春泥。
乱花渐欲迷人眼，浅草才能没马蹄。
最爱湖东行不足，绿杨阴里白沙堤。

知人论世

白居易（772—846），唐代诗人。字乐天，号香山居士。生于河南新郑，其先太原（今属山西）人，后迁下邽（今陕西渭南东北）。贞元进士，授秘书省校书郎。元和年间任左拾遗及左赞善大夫。后因上表请求严缉刺死宰相武元衡的凶手，得罪权贵，贬为江州司马。长庆初年（821）任杭州刺史，宝历初年（825）任苏州刺史，后官至刑部尚书。在文学上，主张“文章合为时而著，歌诗合为事而作”，是新乐府运动的倡导者。其诗语言通俗，素有“诗魔”和“诗王”之称。和元稹并称“元白”，和刘禹锡并称“刘白”，有《白氏长庆集》传世。

阅读鉴赏

诗的首联紧扣题目总写湖水。前一句点出钱塘湖的方位和四周“楼观参差”景象，两个地名连用，显示出一种动感，说明诗人是在一边走，一边观赏。后一句正面写湖光水色：春水初涨，水面与堤岸齐平，空中舒卷的白云和湖面荡漾的波澜连成一片，正是典型的江南春湖的水态天容。颔联写诗人仰视所见禽鸟。莺在歌，燕在舞，显示出春天的勃勃生机。黄莺和燕子都是春天的使者，黄莺用它婉转流利的歌喉向人间传播春回大地的喜讯；燕子穿花贴水，衔泥筑巢，又启迪人们开始春日的劳作。“几处”二字，勾画出莺歌的此呼彼应和诗人左右寻声的情态。“谁家”二字的疑问，又表现出诗人细腻的心理活动，并使读者由此产生丰富的联想。颈联写俯察所见花草。因为是早春，还未到百花盛开季节，所以能见到的尚不是姹紫嫣红开遍，而是东一团，西一簇，用一个“乱”字来形容。而春草也还没有长得丰茂，只有没过马蹄那么长，所以用一个“浅”字来形容。这一联中的“渐欲”和“才能”又是诗人观察、欣赏的感受和判断，这就使客观的自然景物化为带有诗人主观感情色彩的眼中景物，使读者受到感染。这两联细致地描绘了西湖春行所见景物，以“早”“新”“争”“啄”表现莺燕新来的动态；以“乱”“浅”“渐欲”“才能”，状写花草向荣的趋势。这就准确而生动地把诗人边行边赏的早春气象表现出来，给人以清新之感。尾联略写诗人最爱的湖东沙堤。白堤中贯钱塘湖，在湖东一带，可以总揽全湖之胜。只见绿杨荫里，平坦而修长的白沙堤静卧碧波之中，堤上骑马游春的人来往如织，尽情享受春日美景。诗人置身其间，饱览湖光山色之美，心旷而神怡。以“行不足”说明自然景物美不胜收，诗人也余兴未阑。

“孤山寺北贾亭西，水面初平云脚低。”诗歌的第一句是地点，第二句是远景。孤山坐落在西湖的后湖与外湖之间，峰峦叠翠，上有孤山寺，登山观景，美不胜收。据《唐语林》卷六载，贾公亭建于贞元年间，未五六十年后废。白居易写此诗时，其亭尚在，也算是西湖的一处名胜。白居易一开始来到了孤山寺的北面，贾公亭的西畔，放眼望去，只见冬水荡漾，云幕低垂，湖光山色，尽收眼底。“初平”所表达的是白居易对冬日里西湖的一种特有的感受。由于连绵不断的春雨，使得如今的湖面看上去比起冬日上升了不少，似乎眼看着就要与视线持平，这种水面与视线持平的感觉是只有人面对广大的水域才可能有的感觉，也是一个对西湖有着深刻了解和喜爱的人才能写出的感受。此刻，脚下平静的水面与天上低垂的云幕构成了一幅宁静的水墨西湖图，而正当诗人默默地观赏西湖那静如处子的神韵时，耳边却传来了阵阵清脆的鸟鸣声，打破了他的沉思，于是他把视线从水云交界处收了回来，从而发现了自己实际上早已置身于一个春意盎然的美好世界。“几处早莺争暖树，谁家新燕啄春泥。乱花渐欲迷人眼，浅草才能没马蹄。”这四句是白居易此诗的核心部分，也是最为抢眼的句子，同时也是白诗描写春光特别是描写西湖春光的点睛之笔。几处，是好几处，甚至也可以是多处的意思。用“早”来形容黄莺，体现了白居易对这些充满生机的小生命的由衷喜爱：树上的黄莺一大早就忙着抢占最先见到阳光的“暖树”，生怕一会儿赶不上了。一个“争”字，让人感到春光的难得与宝贵。而不知是谁家檐下的燕子，此时也正忙个不停地衔泥做窝，用一个“啄”字，来描写燕子那忙碌而兴奋的神情，似乎把小燕子也写活了。这两句着意描绘出莺莺燕燕的动态，从而使得全诗洋溢着春的活力与生机。黄莺是公认的春天歌唱家，听着那婉转的歌喉，使人感到春天的妩媚；燕子是候鸟，随着春天一起回到了家乡，忙着重建家园，迎接崭新的生活，看着它们飞进飞出地搭窝，使人们倍感生命的美好。在对天空中的小鸟进行了形象的拟人化描写之后，白居易又把视线转向了脚下的植被，"乱花渐欲迷人眼，浅草才能没马蹄。"这也是一联极富情感色彩与生命活力的景物描写，充分显示了白居易对描写对象的细致观察以及准确把握其特征的能力。花而言其乱，乃至要乱得迷了赏花人的目光，在旁人的诗句中，很少有这种写法，而这种独到的感受，却正是白居易在欣赏西湖景色时切身的体验，五颜六色的鲜花，漫山遍野地开放，在湖光山色的映衬下，千姿百态，争奇斗艳，使得白居易不知把视线投向哪里才好，也无从分辨出个高下优劣来，只觉得眼也花了，神也迷了，真是美不胜收，应接不暇。"乱花渐欲迷人眼"一句是驻足细看，而"浅草才能没马蹄"，则已经是骑马踏青了，在绿草如茵、繁花似锦的西子湖畔，与二三友人，信马由缰，自由自在地游山玩水，是一件非常惬意的事情，马儿似乎也体会到了背上主人那轻松闲逸的兴致，便不紧不慢地，踩着那青青的草地，踏上那长长的白堤。诗人在指点湖山、流连光景的不经意间，偶然瞥到了马蹄在草地上亦起亦落、时隐时现的情景，觉得分外有趣，将其写入了诗中，就是这随意的一笔，却为全诗增添了许多活泼情趣和闲情雅致。

白居易并没有看到很多的"早莺"和"新燕"，只有"几处"、只见"谁家"而已，要是其他人，说不定还会因为没有到"处处"闻莺、"家家"有燕的时节，而感到遗憾，心想要是再晚来十天半个月就好了。可是白居易却不这样认为，少有少的好处，正因为少，才是"早莺"，才是"新燕"，才有一种感知春天到来的喜悦，如果诗人没有一种年轻的心态和热爱生命与春天的胸怀，恐怕就不会为这为数不多的"报春者"所打动，所陶醉，而欣然写下这动人的诗篇了。也正因为如此，他才能闻花花香，见草草美，为四处点缀的各色野花而心乱神迷，为没过马蹄的草地而唏嘘感叹。白居易是幸运的，因为他有一双发现美、发现春天的眼睛，所以他会在西湖美景中，不能自已，乃至流连忘返："最爱湖东行不足，绿杨阴里白沙堤。"白居易任杭州刺史时，也确曾修堤蓄水，灌溉民田，不过其堤在钱塘门之北，可是后人多误以白堤为白氏所修之堤了。

这首诗就像一篇短小精悍的游记，从孤山、贾亭开始，到湖东、白堤止，一路上，在湖青山绿那美如天堂的景色中，诗人饱览了莺歌燕舞，陶醉在鸟语花香中，才意犹未尽地沿着白沙堤，在杨柳的绿荫底下，一步三回头，恋恋不舍地离去了。耳畔还回响着由世间万物共同演奏的春天的赞歌，心中便不由自主地流泻出一首饱含着自然融合之趣的优美诗歌来。

思考寄语

著名美学家别林斯基曾说过，“无论在哪一种情况下，美都是从灵魂深处发出的，因为大自然的景象是不可能绝对的美，这美隐藏在创造或者观察它们的那个人的灵魂里。”白居易的《钱塘湖春行》恰恰说明了这一美学欣赏真理。因为西湖的景色再美，也会有不尽如人意之处，但是在白居易的眼中，它无疑是天下最美的景致，因为他不但善于观察，而且更善于发现和体验。

6 锦　瑟

诵读主体

锦瑟无端五十弦，一弦一柱思华年。
庄生晓梦迷蝴蝶，望帝春心托杜鹃。
沧海月明珠有泪，蓝田日暖玉生烟。
此情可待成追忆，只是当时已惘然。

知人论世

李商隐（约813—约858），唐代诗人。字义山，号玉溪生、樊南生。怀州河内（今河南沁阳）人。开成二年（837）进士。曾任县尉、秘书郎和东川节度使判官等职。处于“牛李党争”的夹缝之中，被人排挤，潦倒终身。诗歌成就很高，所作

“咏史”诗多托古以讽，“无题”诗很有名。擅长律、绝，富于文采，具有独特风格，然有用典过多，意旨隐晦之病。有《李义山诗集》。

阅读鉴赏

诗题“锦瑟”，是用了起句的头两个字。旧说中，原有认为这是咏物诗的，但注解家似乎都主张：这首诗与瑟事无关，实是一篇借瑟以隐题的“无题”之作。

首联“锦瑟无端五十弦，一弦一柱思华年”，无端，无缘无故，生来就如此。乐器，琴有三弦、五弦；筝有十三弦；而“瑟”却有五十弦。用这么多弦，来抒发繁复之情感，该是多么哀伤。古有泰帝与素女之典故，已是哀伤至极。诗人以这个典故作为喻象，暗示自喻与众不同，别人只三弦、五弦，而诗人之瑟却有五十弦之多，真是得天独厚之天才。暗示他天赋极高，多愁善感，锐敏幽微。比兴用得多么高妙。下一句，一弦一柱，追忆青春恋爱的年华。首联总起，引领下文，以下都是追忆美好的青春。但又美景不长，令人失落惆怅。

颔联的上句，用了《庄子》的一则寓言典故，说的是庄周梦见自己身化为蝶，栩栩然而飞，浑忘自己是“庄周”其人了；后来梦醒，自己仍然是庄周，不知蝴蝶已经何往。不知周之梦为蝴蝶，还是蝴蝶之梦为庄周？下句中的望帝，是传说中周朝末年蜀地的君主，名叫杜宇。后来禅位退隐，不幸国亡身死，死后魂化为鸟，暮春啼苦，至于口中流血，其声哀怨凄悲，动人心腑，名为杜鹃。此联二句，写的是佳人锦瑟，一曲繁弦，惊醒了诗人的梦境，不复成寐。蕴含迷失、离去、不至等义。隐约包含着美好的情境，却又是虚缈的梦境。锦瑟繁弦，哀音怨曲，引起诗人无限的悲感、难言的冤愤，如闻杜鹃之凄音，送春归去。一个“托”字，不但写了杜宇之托春心于杜鹃，也写了佳人之托春心于锦瑟，手挥目送之间，花落水流之趣。诗人妙笔奇情，于此已然达到一个高潮。

律诗一过颔联，“起”“承”之后，已到“转”笔之时，笔到此间，大抵前面文情已然达到小小一顿之处，似结非结，含义待申。在此之下，点笔落墨，好像重新再“起”似的。其笔势或如奇峰突起，或如藕断丝连，或者推笔宕开，或者明缓暗紧，手法可以不尽相同，而神理脉络，是有转折而又始终贯注的。当此之际，诗人就写出了“沧海月明珠有泪”这一名句来。

颈联前一句把几个典故糅合在一起，珠生于蚌，蚌在于海，每当月明宵静，蚌则向月张开，以养其珠，珠得月华，始极光莹。这是美好的民间传说。泪以珠喻，自古为然，鲛人泣泪，颗颗成珠，亦是海中的奇情异景。如此，皎月落于沧海之间，明珠浴于泪波之界，在诗人笔下，已然形成一个难以分辨的妙境。一笔而能有如此丰富的内涵、奇丽的联想的，实不多见。

后一句的蓝田沧海，也并非无中生有。晚唐诗人司空图，引过比他早的戴叔伦的一段话：“诗家美景，如蓝田日暖，良玉生烟，可望而不可置于眉睫之前也。”这里用来比喻的八个字，简直和此诗颈联下句的七个字一模一样，足见此一比喻，另有根源，可惜后来古籍失传，竟难重觅出处。引戴语作解说，是否贴切，亦难断言。晋代文学家陆机在他的《文赋》里有一联名句：“石韫玉而山辉，水怀珠而川媚。”蓝田，山名，在今陕西蓝田东南，是有名的产玉之地。此山为日光煦照，蕴藏其中的玉气（古人认为宝物都有一种一般目力所不能见的光气），冉冉上腾，但美玉的精气远察如在，近观却无，所以可望而不可置诸眉睫之下，这代表了一种异常美好的理想景色，然而它是不能把握，也是无法亲近的。诗中此句，正是在“韫玉山辉，怀珠川媚”的启示和联想下，用蓝田日暖给上句沧海月明作出了对仗，造成了异样鲜明强烈的对比。而就字面讲，蓝田对沧海，也是非常工整的，因为沧字本义是青色。诗人在辞藻上的考究，也可以看出他的才华和功力。

对于诗人来说，沧海月明这个境界，尤有特殊的身后感情。有一次，他因病中未能躬与河东公的“乐营置酒”之会，就写出了“只将沧海月，长压赤城霞”（《病中闻河东公乐营置酒口占寄上》）的句子。如此来看，他对此境，一方面于其高旷皓净十分爱赏，另一方面于其凄寒孤寂又十分感伤：一种复杂的难言的怅惘之怀，溢于言表。

此联和上联共用了四个典故，呈现了不同的意境和情绪。庄生梦蝶，是人生的恍惚和迷惘；望帝春心，包含苦苦追寻的执着；沧海鲛泪，具有一种阔大的寂寥；蓝田日暖，传达了温暖而朦胧的欢乐。诗人从典故中提取的意象是那样的神奇、空灵，他的心灵向读者缓缓开启，华年的美好、生命的感触等皆融于其中，却只可意会不可言说。

尾联拢束全篇，明白提出“此情”二字，与开端的“华年”相为呼应，笔势未尝闪遁。诗句是说：如此情怀，岂待今朝回忆始感无穷怅恨，即在当时早已令人不胜惘惘。对于普通人，往往是人到老年，追思以往。深憾青春易逝，功业无成，光阴虚度，碌碌无为而悔恨无穷。但天资聪敏的诗人，则事在当初，就早已先知先觉到了，却无可奈何，无限之怅然若失。这就是诗人李商隐，借锦瑟而自况了。

李商隐一生经历坎坷，有难言之痛，至苦之情，郁结中怀，发为诗句，幽伤要眇，往复低回，感染于人者至深。他的一首送别诗中说：“庾信生多感，杨朱死有情；弦危中妇瑟，甲冷想夫筝！”（《送千牛李将军赴阙五十韵》）则筝瑟为曲，常系乎生死哀怨之深情苦意，可想而知。如谓锦瑟之诗中有生离死别之恨，恐怕也不能说是全出臆断。

思考寄语

《锦瑟》是李商隐的代表作，爱诗的无不乐道喜吟，堪称最享盛名，然而它又是最不易讲解的一篇难诗。有人说是写给令狐楚家一个叫“锦瑟”的侍女的爱情诗；有人说是睹物思人，写给故去的妻子王氏的悼亡诗；也有人认为中间四句诗可与瑟的适、怨、清、和四种声情相合，从而推断为描写音乐的咏物诗，此外还有影射政治、自叙诗歌创作等许多种说法。千百年来众说纷纭，莫衷一是，大体而言以“悼亡”和“自伤”说者为多。

7 西江月·渔父词

诵读主体

千丈悬崖削翠，一川落日熔金。白鸥来往本无心。选甚风波一任。
别浦鱼肥堪脍，前村酒美重斟。千年往事已沈沈。闲管兴亡则甚。

知人论世

辛弃疾（1140—1207），南宋词人，字幼安，别号稼轩，汉族，历城（今山东济南）人。出生时，中原已被金兵所占。21岁参加抗金义军，不久归宋，历任湖北、江西、湖南、福建、浙东安抚使等职，一生力主抗金，著有《稼轩长短句》《美芹十论》等。

淳熙五年（1178），辛弃疾由临安赴湖北任转运副使，行舟江上，路过采石矶时创作了这首词。

阅读鉴赏

陡峭的绿崖有千余丈高，落日照射在江面上泛着金光。白鸥翱游是它的天性，既然风波无法预料又何必管它？鱼肥美新鲜，正是吃鱼的好时节，前村好酒值得喝干了再斟。前事已随时间深埋，兴盛或是衰败又有何关系？

上片写江行途中所见。陡峭的悬崖，苍翠的树木，一川江水，一轮落日，傍晚时分的采石矶岸边山光水色，一幅大气蓬勃的江边悬崖落日图映入眼帘。白鸥随心飞翔，游人惬意遨游，安闲舒适。

下片写江行途中所想。沿途鱼肥蟹美，前路酒家林立。此情此景，往事不禁涌上心头：东汉、晋、梁之师，出入建康，率皆由此；隋开皇九年（589），韩擒虎灭陈，由此济师；宋开宝七年（974），曹彬率师攻取南唐，于此渡江。而现如今往事皆被淹没于滚滚洪流中，为何还去管它？

其实，不论国家兴亡之事正是对兴亡之事执着的表现，辛弃疾字里行间都含蓄地表达了对南宋朝廷的不满以及满腔热血无处施展的愤慨与无奈之情。

思考寄语

一代人有一代人的使命，一代人有一代人的担当。我们生逢盛世则当不负盛世，要勇立潮头、勇挑重任，做新时代的弄潮儿，激荡起浪花一朵朵。

8 义田记

诵读主体

范文正公，苏人也，平生好施与，择其亲而贫，疏而贤者，咸施之。方贵显时，置负郭常稔之田千亩，号曰“义田”，以养济群族之人。日有食，岁有衣，嫁娶凶葬皆有赡。择族之长而贤者主其计，而时共出纳焉。日食人一升，岁衣人一缣，嫁女者五十千，再嫁者三十千，娶妇者三十千，再娶者十五千，葬者如再嫁之数，葬幼者十千。族之聚者九十口，岁入给稻八百斛。以其所入，给其所聚，沛然有余而无穷。屏而家居俟代者与焉；仕而居官者罢莫给。此其大较也。

初，公之未贵显也，尝有志于是矣，而力未逮者二十年。既而为西帅，及参大政，于是始有禄赐之入，而终其志。公既殁，后世子孙修其业，承其志，如公之存也。公虽位充禄厚，而贫终其身。殁之日，身无以为敛，子无以为丧，惟以施贫活族之义，遗其子而已。

昔晏平仲敝车羸马，桓子曰：“是隐君之赐也。”晏子曰：“自臣之贵，父之族，无不乘车者；母之族，无不足于衣食者；妻之族，无冻馁者；齐国之士，待臣而举火者，三百余人。如此，而为隐君之赐乎？彰君之赐乎？”于是齐侯以晏子之觞而觞桓子。予尝爱晏子好仁，齐侯知贤，而桓子服义也。又爱晏子之仁有等级，而言有次第也；先父族，次母族，次妻族，而后及其疏远之贤。孟子曰：“亲亲而仁民，仁民而爱物。”晏子为近之。今观文正公之义田，贤于平仲，其规模远举又疑过之。

呜呼！世之都三公位，享万钟禄，其邸第之雄，车舆之饰，声色之多，妻孥之富，止乎一己而已，而族之人不得其门而入者，岂少也哉？况于施贤乎！其下为卿，为大夫，为士，廪稍之充，奉养之厚，止乎一己而已；而族之人操壶瓢为沟中瘠者，又岂少哉？况于他人乎！是皆公之罪人也。

公之忠义满朝廷，事业满边隅，功名满天下，后必有史官书之者，予可无录也。独高其义，因以遗于世云。

知人论世

钱公辅（1021—1072），字君倚，武进（今江苏常州）人。宋代诗人。少从胡翼之学，有名吴中。仁宗皇祐元年（1049）进士（《宋诗拾遗》卷四）。历通判越州、知明州，擢知制诰。英宗即位，谪滁州团练使。神宗立，拜天章阁待制知邓州，复知制诰，知谏院。熙宁四年（1071），由知江宁府徙知扬州（《续资治通鉴长编》卷二二三）。五年，卒（同上书卷二四〇），年五十二。《宋史》卷三百二一列传第八十有传。

阅读鉴赏

范仲淹从小家境贫寒，身居高位后，仍然过着非常节俭的生活。但另一方面，他却以自己的收入，置义田千亩“养济群族”，又一次实践了他“先天下之忧而忧，后天下之乐而乐”的主张。本文详细记叙了范仲淹设置义田的事迹，在引古叹今的对比中，高度赞扬了范仲淹的“施贫活族”的仁义之行。

文章通过不同角度的对比，突出了范仲淹设置义田“好施与”的美德懿行。首先是范仲淹对人、对己的对比。范仲淹自己“虽位充禄厚，而贫终其身。殁之日，身无以为敛，子无以为丧”。但他为族人设置义田，其仁爱之心，却无微不至。首段“日有食”五句总写义田的作用和管理方式，以下即分写对族人日食岁衣，嫁女娶妇，再嫁再娶，葬者、葬幼者、家居、居官者的具体养济之法。作者写这些烦琐的事情，简洁利落，有条不紊，如剥丝抽茧，次序井然，无形中体现出范仲淹设置义田，是何等悉心尽力，慎重其事。其次是拿古人作对比。文章第三段写春秋时齐国宰相晏婴“彰君之赐”的故事，赞扬“晏子好仁”。但作者的用意不在此，而在于由此指出范仲淹设置义田，“贤于平仲”“彰君之赐”。因为义田不仅规模大，而且是从长远考虑的。他设置义田千亩，并延及后世子孙的“规模远举”，是晏婴无法相比的。最后是拿当世之人作对比。文章第四段病于公卿士大夫“享万钟禄”，“廪稍之充，奉养之厚，止乎一己而已”，与范仲淹以“赐禄之入”，设置义田“养济群族”，形成鲜明对比；这些人沉醉于邸第车舆，但他们的族人却“操壶瓢为沟中瘠”，又与范仲淹的族人“嫁娶凶葬皆有赡”形成鲜明对比。作者是为了赞扬范仲淹的仁义之行。文章末段称范仲淹“忠义满朝廷，事业满边隅，功名满天下”，而偏偏只取他设置义田一事来写，也是把范仲淹平生的大功大业，与设置义田这件小事作对照，从而更加突出了这件事的意义。可见全文无处不在对比，无处不在借客形主。正是通过对比，范仲淹设置义田的美德懿行，才显示出了它不寻常的意义。

这篇文章的结构安排颇具匠心。细读原文，不难发现，从第二段开始，每一段都是前文的补充，而又使读者意想不到。首段记义田，周详无遗。文章到此，已完成了为义田作记的任务。次段推远说去，追叙范仲淹早有此志，补充说明设置义田之因，为首段生了根。接着写范仲淹死后，子孙们能够“承其志”，把义田办下去——仁义之行得到发扬光大。至此设置义田一事，从头到尾，已经十分完整，可以收笔了。然而作者笔锋一转，把范仲淹死时“身无以为敛，子无以为丧”，与义田中“葬者如再嫁之数，葬幼者十千”前后对照：紧接着“惟以施贫活族之义，遗其子而已”二句，可谓画龙点睛之笔。文章如就此结束，既完整又不落俗套。但事实上文章到此还不过一半篇幅，下面还有三段议论。宋人作记，有好发议论的特点。本文在文意已尽的情况下大发议论，弄得不好就有画蛇添足之嫌，写好了才能为文章增色生辉。如前所述，后三段议论是成功的，它们与前两段形成鲜明对照，突出和深化了文章的主题。不仅如此，由于这三段谈论置于文末，更给人一种欲言不尽的气势，使文章在引古叹今的大开大合中波澜起伏。尤其是最后一段，对范仲淹的忠义、事业、功名一笔带过，诚为不同凡响之笔。

思考寄语

韩愈云：“古之君子，其责己也重以周，其待人也轻以约。重以周，故不怠；轻以约，故人乐为善。”范仲淹在官居高位之时用自己的俸禄在家乡置田千亩作为“义田”，用来接济群族及贤良之人，使他们能够日有食，岁有衣，婚嫁、读书、居丧皆有赡补。为此，作为封建时代拥有高官厚禄的范仲淹竟然在离世之日，“身无以为敛，子无以为丧，惟以施贫活族之义遗其子”。读来令人唏嘘！

9 石钟山记

诵读主体

《水经》云："彭蠡之口有石钟山焉。"郦元以为下临深潭，微风鼓浪，水石相搏，声如洪钟。是说也，人常疑之。今以钟磬置水中，虽大风浪不能鸣也，而况石乎！至唐李渤始访其遗踪，得双石于潭上，扣而聆之，南声函胡，北音清越，桴止响腾，余韵徐歇。自以为得之矣。然是说也，余尤疑之。石之铿然有声者，所在皆是也，而此独以钟名，何哉？

元丰七年六月丁丑，余自齐安舟行适临汝，而长子迈将赴饶之德兴尉，送之至湖口，因得观所谓石钟者。寺僧使小童持斧，于乱石间择其一二扣之，硿硿焉。余固笑而不信也。至莫夜月明，独与迈乘小舟，至绝壁下。大石侧立千尺，如猛兽奇鬼，森然欲搏人；而山上栖鹘，闻人声亦惊起，磔磔云霄间；又有若老人咳且笑于山谷中者，或曰此鹳鹤也。余方心动欲还，而大声发于水上，噌吰如钟鼓不绝。舟人大恐。徐而察之，则山下皆石穴罅，不知其浅深，微波入焉，涵澹澎湃而为此也。舟回至两山间，将入港口，有大石当中流，可坐百人，空中而多窍，与风水相吞吐，有窾坎镗鞳之声，与向之噌吰者相应，如乐作焉。因笑谓迈曰："汝识之乎？噌吰者，周景王之无射也；窾坎镗鞳者，魏庄子之歌钟也。古之人不余欺也！"

事不目见耳闻，而臆断其有无，可乎？郦元之所见闻，殆与余同，而言之不详；士大夫终不肯以小舟夜泊绝壁之下，故莫能知；而渔工水师虽知而不能言。此世所以不传也。而陋者乃以斧斤考击而求之，自以为得其实。余是以记之，盖叹郦元之简，而笑李渤之陋也。

知人论世

苏轼（1037—1101），字子瞻，一字和仲，号铁冠道人、东坡居士，世称苏东坡、苏仙、坡仙，汉族，眉州眉山（今四川眉山）人，祖籍河北栾城，北宋文学家、书法家、美食家、画家。

嘉祐二年（1057），苏轼进士及第。宋神宗时，在凤翔、杭州、密州、徐州、湖州等地任职。元丰三年（1080），因“乌台诗案”被贬为黄州团练副使。宋哲宗即位后，任翰林学士、侍读学士、礼部尚书等职，并出知杭州、颍州、扬州、定州等地，晚年因新党执政被贬惠州、儋州。宋徽宗时，获大赦，北还途中于常州病逝。宋高宗时，追赠太师；宋孝宗时，追谥“文忠”。

苏轼是北宋中期文坛领袖，在诗、词、散文、书、画等方面均取得很高成就。文纵横恣肆；诗题材广阔，清新豪健，善用夸张比喻，独具风格，与黄庭坚并称“苏黄”；词开豪放一派，与辛弃疾同是豪放派代表，并称“苏辛”；散文著述宏富，豪放自如，与欧阳修并称“欧苏”，为唐宋八大家之一。苏轼善书，“宋四家”之一；擅长文人画，尤擅墨竹、怪石、枯木等。李志敏评价：“苏轼是全才式的艺术巨匠。”

作品有《东坡七集》《东坡易传》《东坡乐府》《潇湘竹石图》《枯木怪石图》等。

阅读鉴赏

这篇文章通过记叙作者对石钟山得名由来的探究，说明要认识事物的真相必须“目见耳闻”，切忌主观臆断的道理。

第一段提出石钟山得名由来的两种说法，以及对这两种说法的怀疑。可以分为三层。第一层，引《水经》上的话，交代石钟山的处所，紧扣题目，点出石钟山，引起下文。第二层，提出郦道元对石钟山得名由来的说法，点明人们对此说法的怀疑态度，用钟磬置水中不能发声的情况对郦说质疑，说明“水石相搏”之说难以取信于人。正因为对郦说“人常疑之”，才引起后人的异议，这就由郦道元的说法导出唐人李渤的说法。第三层，提出李渤的说法并质疑。李渤也在“人常疑之”的“人”之列，于是就有他“访其遗踪”的行动。他亲“访”遗踪，亲“扣”其石，亲“聆”其声，理应无疑。作者表明自己对李渤的怀疑，并以处处有石、石石能叩而发声，反驳李说，说明扣石发声之说难以置信。

第二段记叙实地考察石钟山，得以探明其名由来的经过。可以分为三层。第一层（“元丰七年……得观所谓石钟者”），点明探访石钟山的时间、同行者和缘由。因为对石钟山得名由来已存“疑”念，所以作者趁自己赴任临汝并送长子苏迈赴任饶州德兴之便，顺道考察石钟山，正好借此释疑。这一层紧承上文。第二层（“寺僧使小童持斧……余固笑而不信也”），写访问寺僧。寺僧“使小童持斧”叩石发声，表明他们相信李渤的说法，也说明李渤的说法影响很大。这一段回应李说，“择其一二扣之”，“固笑而不信”，分别照应第一段的“扣而聆之”“余尤疑之”。寺僧的做法既然不能使人满意，就有了作者下面月夜考察的行动。第三层（“至莫夜月明……古之人不余欺也”），写月夜考察游石钟山的经过。先交代探访石钟山的时间是“莫夜月明”时分，同游者是长子苏迈，方式是“乘小舟”，地点是“绝壁下”。然后写绝壁下的情景：看见的是“侧立千尺，如猛兽奇鬼，森然欲搏人”的大石；听到的是“云霄间”鹘鸟的“磔磔”的惊叫声，以及“山谷中”鹳鹤像老人边咳边笑的怪叫声。描绘出一幅阴森可怖冷清凄厉的石钟山夜景，有远有近，有高有低，有动有静，有形有声，十分逼真，使人有身临其境之感。但事情并未到此为止，下面又起波澜。作者在“舟回至两山间”的时候，发现入港处有“大石当中流……空中而多窍，与风水相吞吐，有窾坎镗鞳之声”。这里的“回”不是“返回”的意思，而是“掉转”的意思。“舟回至两山间”，不是船返回到两山中间，而是船掉头转行至两山之间。作者对两处声音的考察，极为细致深入，处处印证了首段的郦说。最后写作者与苏迈的谈话。“因笑谓迈曰”的“笑”不同于前面“笑而不信”的“笑”。前者是表示怀疑和否定的笑，这里是释疑后轻松、愉快的笑，表现了作者探明真相后的得意、兴奋。作者在谈话中将两种声音与“周景王之无射”和“魏庄子之歌钟”相联系，肯定自己的考察结果，点出以钟山命名的缘由。又以“古之人不余欺也”肯定郦道元的说法，言语之间生动地显现了作者的确信和欣喜。在这一段，作者以自己的目见耳闻，证实并补充了郦道元的说法，进一步否定了李渤的说法，为末段的议论提供了事实依据。

第三段写探明石钟山得名由来的感想，表明写作意图。可以分为三层。第一层，“事不目见耳闻，而臆断其有无，可乎？”这句话，语气强烈，以反问的方式表达充分肯定的意思，点明了全篇的主旨，是作者探明石钟山得名由来后所得出的结论、所总结的事理，是作者的心得。第二层，分析世人不能准确知道石钟山得名由来的原因，从两方面说，一方面是正确说法不能流传的原因，有三点：一是“郦元之所见闻，殆与余同，而言之不详”，是说郦道元的说法是正确的，可惜“言之不详”，致使“人常疑之”，得不到人们的承认；二是士大夫不作实地考察，“终不肯以小舟夜泊绝壁之下，故莫能知”；三是“渔工水师虽知而不能言”，“不能言”是说不能为文，并非不能说话。郦说失之于不详，士大夫能为文而“莫能知”，“渔工水师”虽知而不能为文，这就是石钟山得名由来在世上没有流传下来的原因。然后用“而”字转到另一方面：“陋者乃以斧斤考击而求之，自以为得其实”，是说李渤之类的“陋者”，主观臆断，“自以为得其实”，这是得以有李渤的错误说法和后人以讹传讹的原因。第三层分承上面所说的两个方面，点明写这篇游记的目的。“叹郦元之简”是肯定郦道元的观点，而又叹其太简略。“笑李渤之陋”是否定李渤的观点，并讥笑其浅陋。这就表明写这篇文章的目的是传播自己的见解，证实、补充郦道元的观点，纠正李渤的观点。

思考寄语

这篇文章将议论和叙述相结合，通过夜游石钟山的实地考察，对郦道元和李渤关于石钟山得名的说法进行了分析批评，提出了事不目见耳闻不能臆断其有无的论断，表现了作者注重调查研究的求实精神，富有教育意义。

10 游褒禅山记

诵读主体

褒禅山亦谓之华山，唐浮图慧褒始舍于其址，而卒葬之；以故其后名之曰“褒禅”。今所谓慧空禅院者，褒之庐冢也。距其院东五里，所谓华山洞者，以其乃华山之阳名之也。距洞百余步，有碑仆道，其文漫灭，独其为文犹可识，曰“花山”。今言“华”如“华实”之“华”者，盖音谬也。

其下平旷，有泉侧出，而记游者甚众，所谓前洞也。由山以上五六里，有穴窈然，入之甚寒，问其深，则其好游者不能穷也，谓之后洞。余与四人拥火以入，入之愈深，其进愈难，而其见愈奇。有怠而欲出者，曰：“不出，火且尽。”遂与之俱出。盖余所至，比好游者尚不能十一，然视其左右，来而记之者已少。

盖其又深，则其至又加少矣。方是时，余之力尚足以入，火尚足以明也。既其出，则或咎其欲出者，而余亦悔其随之，而不得极夫游之乐也。

于是余有叹焉。古人之观于天地、山川、草木、虫鱼、鸟兽，往往有得，以其求思之深而无不在也。夫夷以近，则游者众；险以远，则至者少。而世之奇伟、瑰怪，非常之观，常在于险远，而人之所罕至焉，故非有志者不能至也。有志矣，不随以止也，然力不足者，亦不能至也。有志与力，而又不随以怠，至于幽暗昏惑而无物以相之，亦不能至也。然力足以至焉，于人为可讥，而在己为有悔；尽吾志也而不能至者，可以无悔矣，其孰能讥之乎？此余之所得也！

余于仆碑，又以悲夫古书之不存，后世之谬其传而莫能名者，何可胜道也哉！此所以学者不可以不深思而慎取之也。

四人者：庐陵萧君圭君玉，长乐王回深父，余弟安国平父、安上纯父。

至和元年七月某日，临川王某记。

知人论世

王安石（1021—1086），字介甫，号半山，抚州临川（今江西临川）人。宋仁宗庆历二年（1042）中进士，累官至参知政事、同中书门下平章事（宰相）、尚书左仆射兼门下侍郎（也是宰相，神宗改官职后用此名），封荆国公，世称王荆公。宋代著名政治家和文学家。宋神宗期间，他积极推行农田水利、青苗、均输、保甲、免役、市易、保马、方田均税等新法，对抑制大官僚地主豪商的特权，缓和社会矛盾，发展生产，富国强兵，曾起到一定的积极作用。神宗死后，旧党执政，新法全被废除，王安石也忧愤而死。

王安石为唐宋八大家之一，他的散文有较大的成就。他很重视文章的社会意义，主张为文应“有补于世”“以适用为本”，因而他写文章的态度很严肃，目的很明确。他的散文主要是政治和学术上的论文，无论长篇短制，都结构严谨，析理透辟，语言洗练，以拗折峭劲见称。读他的文章，可以见他那识见超卓、刚毅果断的政治家风度。他的诗也有一定的成就，对后世的影响很大。

他的作品辑为《临川先生文集》，共100卷。

阅读鉴赏

《游褒禅山记》是王安石的代表之作。从表面上看，本文是一篇游记，其实是借题发挥的议论文。本文的最大特点是记叙、议论相结合，记叙为议论服务。

本文不同于一般的游记，不重山川风物的描绘，而重在因事说理，以说理为目的，记游的内容只是说理的材料和依据。本文以记游的内容为喻，生发议论，因事说理，以小见大，准确而充分地阐述一种人生哲理，给人以思想上的启发，使完美的表现形式与深刻的思想内容和谐统一。

本文前面记游山，后面谈道理，记叙和议论结合得紧密而自然，并且前后呼应，结构严谨，行文缜密。文中的记游内容是议论的基础，是议论的事实依据；议论是记游内容在思想认识上的理性概括和深化。前面的记游处处从后面的议论落笔，为议论作铺垫；后面的议论又处处紧扣前面的记游，赋予记游内容特定的思想意义。记叙和议论相辅相成，互为补充，相得益彰。

本文的记游部分，除为说理之外，没有多余的文字；议论部分，说理充分而有节制，没有无用的笔墨。全篇行文严谨，用墨极为简省，语言精要得当，以致文字难以增删改换。文中的一些句子，如“入之愈深，其进愈难，而其见愈奇”“夫夷以近，则游者众；险以远，则至者少”“世之奇伟、瑰怪，非常之观，常在于险远，而人之所罕至焉”“尽吾志也而不能至者，可以无悔矣”，都是平实而深刻、言简而意丰的警句。

思考寄语

《游褒禅山记》是一篇以说理为主的游记，所写的虽然是一次不能尽兴的游玩，但王安石却能从这次游玩当中悟出人生的哲理，写下这样的名篇。“生活从不缺少美，缺少的是发现美的眼睛。”其实每一件小事的背后，都蕴藏着它的奥妙，希望大家做生活的有心人，多观察，多思考，发现不一样的风景。

11 五岳祠盟记

诵读主体

自中原板荡，夷狄交侵，余发愤河朔，起自相台，总发从军，历二百余战。虽未能远入荒夷，洗荡巢穴，亦且快国仇之万一。今又提一旅孤军，振起宜兴。建康之城，一鼓败虏，恨未能使匹马不回耳！

故且养兵休卒，蓄锐待敌。嗣当激励士卒，功期再战，北逾沙漠，蹀血虏廷，尽屠夷种。迎二圣，归京阙，取故地，上版图，朝廷无虞，主上奠枕：余之愿也。

河朔岳飞题。

知人论世

岳飞（1103—1142），字鹏举，相州汤阴（今河南汤阴）人。南宋时期抗金名将、军事家、战略家、民族英雄、书法家、诗人，位列南宋“中兴四将”之首。

岳飞从20岁起，曾先后四次从军。自建炎二年（1128）遇宗泽至绍兴十一年（1141）止，先后参与、指挥大小战斗数百次。金军攻打江南时，独树一帜，力主抗金，收复建康。绍兴四年（1134），收复襄阳六郡。绍兴六年（1136），率师北伐，顺利攻取商州、虢州等地。绍兴十年（1140），完颜宗弼毁盟攻宋，岳飞挥师北伐，两河人民奔走相告，各地义军纷纷响应，夹击金军。岳家军先后收复郑州、洛阳等地，在郾城、颍昌大败金军，进军朱仙镇。宋高宗赵构和宰相秦桧却一意求和，以十二道“金字牌”催令班师。在宋金议和过程中，岳飞遭受秦桧、张俊等人诬陷入狱。1142年1月，以“莫须有”的罪名，与长子岳云、部将张宪一同遇害。宋孝宗时，平反昭雪，改葬于西湖畔栖霞岭，追谥“武穆”，后又追谥“忠武”，封鄂王。

岳飞是南宋杰出的统帅，他重视人民抗金力量，提出了“连结河朔”战略，主张黄河以北的民间抗金义军和宋军互相配合，以收复失地；治军赏罚分明，纪律严整，又能体恤部属，以身作则，率领的“岳家军”号称“冻死不拆屋，饿死不打掳”。金军有“撼山易，撼岳家军难”的评语，以示对岳家军的由衷敬佩。

岳飞的文才同样卓越，其代表词作《满江红·怒发冲冠》是千古传诵的爱国名篇，后人辑有文集传世。

阅读鉴赏

《五岳祠盟记》是岳飞在南宋建炎四年（1130）败金兵、收复建康（今江苏南京）后，于宜兴所作的题壁誓词（盟记）。文章虽篇幅短小，却写得壮怀激烈，鼓舞人心。

“自中原板荡，夷狄交侵”，开头以9个字交代了时代的大背景。“板荡”用典，形容天下大乱，局势动荡。自“靖康之变”后，中原大乱，半壁江山仍岌岌可危，金人多次进军，试图将大宋彻底覆灭，此时正处于一个国家和民族危亡的“乱世”关头。紧接着作者叙述“余发愤河朔，起自相台，总发从军，历二百余战。虽未能远入夷荒，洗荡巢穴，亦且快国仇之万一”。唐太宗《赐萧瑀》诗云：“疾风知劲草，板荡识诚臣。勇夫安识义，智者必怀仁。”河朔的陷落激起了作者“板荡识诚臣”的一腔热血。他少年时便发愤而起，毅然从军，此后数年间经历200多次战斗。岳飞戎马一生正是他少年立志杀敌雪耻的最好验证。

作者曾作词《满江红》，“总发从军，历二百余战”可与词中“三十功名尘与土，八千里路云和月”交相辉映。在这一段中，岳飞已向“神明”告白自己从小为国征战的夙愿，为后文的立誓作了铺垫。

承前“快国仇之万一”而叙现在：“今又提一旅孤军，振起宜兴。”今次提孤立之师，振奋而起，冲锋陷阵，击杀敌虏，出语如利刃长鞭般气势强锐。金兵南侵时，岳飞率军在广德、宜兴一带接连袭击金兵，取得一次次胜利。“振起宜兴”一句气壮山河，是战斗胜利的写照。紧接着，“建康之城，一鼓败虏，恨未能使匹马不回耳”。“一鼓败虏”，第一通鼓就将敌人击败，喻明了士气极其高涨、锐不可当；“恨未能使匹马不回耳”既表明了要全歼敌人、洗荡敌巢的雄心壮志，又带有此次战役未能全歼敌军的惋惜。这一段对当前局势作了叙述，为下一段的誓词进一步作铺陈。“故且养兵休卒，蓄锐待敌”一句是叙述的承转。后面誓盟的主文可分为两层来理解。其一是要激励士兵在未来的大战中将敌军彻底打败，向北越过沙漠，杀入胡虏的老巢，把夷人全部消灭。其二是迎接徽、钦两位皇帝回京，收复被侵占的土地，解除朝廷忧虑，使天下归于太平。这一段对“神明”所立的誓言，发自于心，殷殷切切，言之凿凿，滔滔汩汩，一泻而下。这是岳飞当时在五岳祠从血管里喷出的誓言，也是他毕生的宏图大愿，充分表现了一位爱国英雄强烈的爱国精神和以天下为己任的豪情壮志，令人钦佩之至。

此文篇幅虽小，但内涵丰厚，作者少年从军怀志百战，而今大胜后雄心大起，日后杀敌复国的壮志全都凝结在这短短的盟言里。他热血满腔，慷慨激昂，内心的激越奔涌而出，体现在文字上则感情充沛，语气刚峻，句句铿锵，斩钉截铁，一气贯通。读此《五岳祠盟记》，令人想起他的另一诗篇《驻兵新淦题伏魔寺壁》：“雄气堂堂贯斗牛，誓将直节报君仇。斩除顽恶还车驾，不问登坛万户侯。”作者杀敌报国的英雄之气真可谓长贯斗牛。

思考寄语

文章生动充分地体现了作者急于杀敌报国，恢复中原的强烈愿望，代表了当时人民的要求，显示了这位民族英雄的爱国思想，不仅对于当时，就是对于后世的反侵略斗争，也起着激励和鼓舞作用，但是文中同时流露了对金国侵略者与人民不加分别的狭隘民族观念，是岳飞的历史局限，大家阅读的时候要注意分析鉴别。

12 别云间

诵读主体

三年羁旅客，今日又南冠。
无限河山泪，谁言天地宽。
已知泉路近，欲别故乡难。
毅魄归来日，灵旗空际看。

知人论世

夏完淳（1631—1647），原名复，字存古。松江华亭（今上海松江）人。明末少年抗清英雄，著名诗人。九岁善词赋古文，才思敏捷，有神童之称。弘光元年（1645），其父夏允江南领兵激战，战败自杀殉国后，夏完淳和陈子龙继续抗清，兵败被俘，不屈而死，年仅十七岁。其诗词或慷慨悲壮，或凄怆哀婉，充满了强烈的民族意识。

阅读鉴赏

《别云间》是作者于秋季在故乡被清兵逮捕时，在解往南京前临别松江时所作。作者在此诗中一方面抱着此去誓死不屈的决心，另一方面又对行将永别的故乡，流露出无限的依恋和深切的感叹，是一首悲壮慷慨的绝命诗。

首联叙艰苦卓绝的飘零生涯，一个“又”字表现了诗人无限伤痛、遗憾以及壮志难酬的悲愤。

颔联发故土沦丧、山河破碎之悲愤慨叹，一个“泪”字，一个“言”字，表达诗人的爱国情怀以及对祖国山河破碎的悲愤之情。

颈联抒眷念故土、怀恋亲人之深情。抗清事业难再成，故园和亲人难再见，一个“难”字既表达了此去誓死不屈的决心，又对行将永别的故乡流露出无限的依恋和深切的感叹。

尾联盟誓恢复之决心。诗人将满腹哀怨化为一腔怒火，即使成了鬼魂，还要归来从空中看后继者率领部队起义。这是一种生命已止、战斗不息的精神，是个人立场的鲜明表白！表现诗人至死不渝的抗清精神，和对抗清事业后继有人的坚定信念。

全诗思路流畅清晰，感情跌宕豪壮。起笔叙艰苦卓绝的飘零生涯，承笔发故土沦丧、山河破碎之悲愤慨叹，转笔抒眷念故土、怀恋亲人之深情，结笔盟誓志恢复之决心。诗作格调慷慨豪壮，读来荡气回肠，令人生出敬意。

思考寄语

诗作格调慷慨豪壮，精忠报国的赤子情怀，给后继者以深情的勉励，对这位富有强烈民族意识的少年英雄充满深深的敬意的同时，也给我们树立起一座国家与民族利益高于一切的不朽丰碑。

13 伞

诵读主体

早晨，我问伞：
“你喜欢太阳晒
还是喜欢雨淋？”
伞笑了，它说：
“我考虑的不是这些。”
我追问它：
“你考虑些什么？”
伞说：
“我想的是——
雨天，不让大家衣服淋湿；
晴天，我是大家头上的云。”

知人论世

艾青（1910—1996），原名蒋海澄，浙江金华人。现代文学家、诗人。1932年，在上海加入中国左翼美术家联盟，从事革命文艺活动。1933年，第一次用笔名发表长诗《大堰河——我的保姆》。其创作有诗集《彩色的诗》《域外集》，出版了《艾青叙事诗选》，以及多种版本的《艾青诗选》和《艾青全集》。诗集《归来的歌》和《雪莲》曾获中国作家协会全国优秀新诗奖。1985年，获法国文学艺术最高勋章。

阅读鉴赏

这首诗歌以“伞”为名，内容以“伞”展开，使其成为贯穿文章的主线，这样内容更紧凑，条理更清晰。

写作方法上运用了拟人和排比的修辞手法，通过物品自述，在诗的结尾升华主题，卒章显志，“伞”代表了社会中各行各业在自己的岗位上默默无私奉献的人。

奉献是中华民族的传统美德，它是一种纯洁高尚的精神境界。奉献既表现在国家和人民需要的关键时刻不计得失、不求回报、真诚无私、敢于担当、不怕牺牲；奉献也表现于我们在平凡的工作岗位上不怕吃苦、不怕受累、勤专业务、善思方法、不怕流汗。

奉献没有休止符，任何时候都需要奉献。在这个千帆竞发、百舸争流、催人奋进的新时代，我们更应该大力弘扬与践行奉献精神。

思考寄语

奉献不是痛苦，不是丧失，不是剥夺，而是爱心的流露，善意的升华，美德的弘扬。奉献使人充实，奉献使人快乐与幸福。

14 繁星（节选）

诵读主体

嫩绿的芽儿，
和青年说，
“发展你自己！”
淡白的花儿，
和青年说：
“贡献你自己！”
深红的果儿，
和青年说：
“牺牲你自己！”

冰心（1900—1999），原名谢婉莹，现代作家、翻译家、儿童文学作家、社会活动家、散文家，诗人。笔名冰心取自“一片冰心在玉壶”。《繁星》是冰心的第一部诗集，诗集收入诗人1919年冬至1921年秋所写小诗164首，最初发表于北京的《晨报》。《繁星》是冰心在印度诗人泰戈尔的《飞鸟集》的影响下写成的，用作者的话说，就是将一些“零碎的思想”收集在一个集子里。总的来说，它们大致包括三个方面的内容：一是对母爱与童真的歌颂；二是对大自然的崇拜和赞颂；三是对人生的思考和感悟。

阅读鉴赏

芽儿的嫩绿显示着健壮、旺盛和朝气，芽儿需要成长发展。正如青年需要学习、提高，使自己成才。

花儿的淡白蕴含着朴素纯洁，不追求外表的华丽。正如青年不要孤芳自赏，要以自己的青春年华为社会注入旺盛的活力。

果儿的鲜红象征着丰硕、甜蜜和美丽。正如青年要甘于牺牲，为社会创造巨大业绩，使人生更显辉煌。

这首诗小中见大，蕴含着对青年一代的希望，对民生国计的思考。深厚的情感让人们久久不能忘怀，激励我们去投身美好的未来。

思考寄语

嫩绿的芽儿恰似少年，朝气蓬勃；中年人如淡白的花，成熟理智；老年人如深红的果儿，沉稳厚重。从芽儿、花儿、果儿对“青年”的告白中可以看出他们对青年的期盼、渴望。

15 艰难的国运与雄健的国民

诵读主体

历史的道路，不全是平坦的，有时走到艰难险阻的境界，这是全靠雄健的精神才能够冲过去的。

一条浩浩荡荡的长江大河，有时流到很宽阔的境界，平原无际，一泻万里。有时流到很逼狭的境界，两岸丛山叠岭，绝壁断崖，江河流于其间，回环曲折，极其险峻。民族生命的进展，其经历亦复如是。

人类在历史上的生活正如旅行一样。旅途上的征人所经过的地方，有时是坦荡平原，有时是崎岖险路。老于旅途的人，走到平坦的地方，固是高高兴兴地向前走，走到崎岖的境界，愈是奇趣横生，觉得在此奇绝壮绝的境界，愈能感到一种冒险的美趣。

中华民族现在所逢的史路，是一段崎岖险阻的道路，在这一段道路上，实在亦有一种奇绝壮绝的景致，使我们经过这段道路的人，感到一种壮美的趣味。但这种壮美的趣味，没有雄健的精神是不能够感觉到的。

我们的扬子江、黄河，可以代表我们的民族精神，扬子江及黄河遇见沙漠、遇见山峡都是浩浩荡荡地往前流过去，以成其浊流滚滚、一泻万里的魄势。目前的艰难境界，哪能阻抑我们民族生命的前进。我们应该拿出雄健的精神，高唱着进行的曲调，在这悲壮歌声中，走过这崎岖险阻的道路。要知在艰难的国运中建造国家，亦是人生最有趣味的事……

知人论世

李大钊（1889—1927），字守常，河北乐亭人。1907年，考入天津北洋法政专门学校，1913年毕业后东渡日本，入东京早稻田大学政治本科学习，是中国共产主义运动的先驱，伟大的马克思主义者，杰出的无产阶级革命家，中国共产党的主要创始人之一。

阅读鉴赏

《艰难的国运与雄健的国民》，全文不满500字，却是一首充满诗意的抒情散文诗，是一篇慷慨激昂的革命宣言书，是一段鼓舞人心的集结进军号。

第一段说明人类历史的道路是不平坦的，只有靠雄健的精神才能冲过艰难险阻的境界。

第二段以长江大河比喻民族生命的进展。长江大河有时在平原上一泻万里，有时却在丛山叠岭中回环曲折，极其险峻，民族生命的进程也一样。在这里，与第一段相呼应，第一段讲的是“历史的道路”，这里讲的是“民族生命的进展”，是一致的。

第三段以旅行征人以冒险为美趣比喻“人类在历史上的生活”。旅途征人

“走到崎岖的境界”“愈能感到一种冒险的美趣”，而“人类在历史上的生活正如旅行一样”。这段说明人类在历史上只有经过艰难曲折，奋斗流汗，才能深切体验到奋斗的意义、成功的乐趣。

第四段包含两层意思，其一是说，中华民族正逢崎岖险阻，它让奋斗者有机会领略奇绝壮绝的景致，“感到一种壮美的趣味”；其二是说，这种“壮美的趣味”，“没有雄健的精神是不能够感觉到的”。在这里，作者把艰难的国运与雄健的精神联系起来，点出了题目。

第五段照应第二段，以扬子江、黄河比喻我们的民族精神。扬子江、黄河遇见沙漠、山峡，都能躲避，我们民族前进的脚步是任何力量阻挡不住的。作者号召大家“拿出雄健的精神”“走过这崎岖险阻的道路”，这“亦是人生最有趣味的事”。

总的来说，作者以大河奔流比喻民族生命进展，以崎岖险路比喻中华民族所逢的史路，在艰难困苦中毫不气馁，坚信革命必胜，民族必兴，气魄雄健豪壮，表现了革命乐观主义情怀和强烈的爱国主义感情。

思考寄语

“目前的艰难境界，哪能阻抑我们民族生命的前进。”李大钊这一预言早已成了现实。然而，在伟大的新时代，也同样会“遇见沙漠、遇见山峡”，遇见“崎岖险路”，出现“奇绝壮绝的境界”，这些虽然与李大钊所处的时代条件已完全两样，但是仍然需要我们拿出雄健的精神。在艰苦奋斗中，体味实现“强国梦”这一“人生最有趣味的事”。

16 落花生

诵读主体

我们家的后园有半亩空地，母亲说："让它荒着怪可惜的，你们那么爱吃花生，就开辟出来种花生吧。"我们姐弟几个都很高兴，买种，翻地，播种，浇水，没过几个月，居然收获了。

母亲说："今晚我们过一个收获节，请你们父亲也来尝尝我们的新花生，好不好？"母亲把花生做成了好几样食品，还吩咐就在后园的茅草亭过这个节。

晚上天色不太好，可是父亲也来了，实在很难得。

父亲说："你们爱吃花生么？"

我们争着答应："爱！"

"谁能把花生的好处说出来？"

姐姐说："花生的味儿美。"

哥哥说："花生可以榨油。"

我说："花生的价钱便宜，谁都可以买来吃，都喜欢吃。这就是它的好处。"

父亲说："花生的好处很多，有一样最可贵：它的果实埋在地里，不像桃子、石榴、苹果那样，把鲜红嫩绿的果实高高地挂在枝头上，使人一见就生爱慕之心。你们看它矮矮地长在地上，等到成熟了，也不能立刻分辨出来它有没有果实，必须挖起来才知道。"

我们都说是，母亲也点点头。

父亲接下去说："所以你们要像花生一样，它虽然不好看，可是很有用。"

我说："那么，人要做有用的人，不要做只讲体面，而对别人没有好处的人。"

父亲说："对。这是我对你们的希望。"

我们谈到深夜才散。花生做的食品都吃完了，父亲的话却深深地印在我的心上。

知人论世

许地山，笔名落花生，中国现代作家。1917年，考入燕京大学文学院。1921年，与茅盾等人发起成立文学研究会。1923年，先后在美国哥伦比亚大学、英国牛津大学研究宗教学。1927年，回到中国先后在燕京大学、北京大学、清华大学、香港大学执教。主要作品有短篇小说集《缀网劳蛛》《解放者》，散文集《空山灵雨》等。

阅读鉴赏

《落花生》是一篇记叙散文，它运用对话写人记事。在平淡如水的记叙中，蕴含了殷殷的深情。收获花生的夜晚，父母昆仲姊妹，数人围坐一屋，品尝着自己亲手劳动种植的花生，一灯如豆，言欢意惬，这该是一幅多么令人神往而又回味不已、充满着温馨气息的阖家欢乐图啊。这里有慈母的爱，严父的情，兄姊的宽厚，小弟的聪颖。从这里，当母亲的可以寻到子女的拳拳寸草心，做父亲的可以觅得妻子的温柔、儿女的厚爱；做儿女的也不难体味出父母天高地厚一般的养育之恩。总之，任何人都可以从中领会到家庭的温暖，天伦的乐趣。父亲与膝前儿女们亲切的闲谈，热烈的讨论，家常的絮语，品评着人世间一件最常见而又微小的事物。没有慷慨激昂的陈辞，也无阐幽发微的“春秋”大义，看似平淡无奇，却包含了人世间所有父亲望子成龙的殷殷深情。

当然，写得华丽并不容易，写得朴素更难。也只有写得朴素了，才能显出真正的文采来。

《落花生》平易、浅显、简洁，一望而知其寓意，但它并不浅薄。它那平易的话语，讲的是人人都懂的道理：“要做有用的人，不要做伟大、体面的人。”毫无故弄玄虚、自作高深莫测之态、有的只是谆谆的教诲，切实的希望。然而就是这平易浅显的常理，也并不是每个人都能悟出它的真谛，并付诸行动。普希金曾说：“精确与简洁，这是散文的首要美质。它要求的是思想，没有思想，再漂亮的语句也全无用处。”

《落花生》的行文特点是简洁明快，它没有拖泥带水的絮絮叨叨，没有天高地远的高谈阔论，也没有晦涩费猜的玄机妙语，更无刮古搜今、旁征博引的自我炫耀和卖弄。然而它在家人的闲谈中流露出的一种朴素的思想，却可以使人们站得更高，望得更远，引起遐想和深思。

有人认为，只有写景抒情的散文才能托物言志，而记叙散文只能写人记事。恰恰相反，《落花生》虽属记叙散文，却也正是托物言志的典范。作者正是借“落花生”这个最平易、最常见，而又有益于人类的小小植物，寄托了他“要做有用的人，不要做伟大、体面的人”的朴实而珍贵的志向。文章中的父亲将花生与“鲜红、嫩绿的苹果、桃子、石榴”相比，揭示了花生的可贵品格：质朴无华，不求外表美观，不讲虚荣，不慕显赫，只求于世有用。在这里，作者将对花生好处的知识，自然贴切地移接到对人生社会的知识上。这就深刻地反映出作者的爱憎、好恶及默默献身人类的朴实可贵的人格，“文如其人，人如其文”。

作者在“五四”思潮的影响下，冷静地观察和思索着人生的真义。他蔑视“金榜题名”“光宗耀祖”的封建说教，鄙弃荣华富贵，反对浮华虚荣；憎恶追名逐利钻营投机之徒，抨击“金玉其外，败絮其中”驱民水火的“伟大、体面”人物。由此，他崇尚质朴，力求老老实实地做一个对社会有用的人。“意全胜者，辞愈朴而文愈高，意不胜者，辞愈华而文愈鄙。”《落花生》为文短小，平易、浅显、清淡、质朴，由此达到了美的极致。它之所以能够长期流传，脍炙人口，除了这种极致的美之外，更由于它以意取胜，具有超越时空的象征意蕴。它的象征和暗示，在不同时代、不同社会，都能引起人们的共鸣，唤起那种朴实无华而又优美崇高的思想情感，使人们能备受其熏陶，达到潜移默化的效果。

思考寄语

许地山生逢甲午战败中被割让给日本的台湾变乱时期，父亲当时率部奋力抵抗日侵，不敌而败，年幼的许地山却对这份国恨家仇感到了刻骨铭心的痛，之后随父亲迁居回福建。19岁时，家境拮据，许地山开始自谋生活。21岁那年由于家道贫苦，不得不赴离家甚远的缅甸仰光任教，在仰光的三年时间里，远离亲人和故乡的许地山，经历了种种艰辛。

散文《落花生》是中国现代作家许地山的作品。这是一篇叙事散文，全文围绕“种花生—收花生—吃花生—议花生”来写，真实地记录了作者小时候的一次家庭活动和所受到的教育。文章描述了一家人收获花生的情景，通过谈论花生的好处，借物喻人，揭示了花生不图虚名、默默奉献的品格。说明人要做有用的人，不要做只讲体面而对别人没有好处的人，表达了作者不为名利、只求有益于社会的人生理想和价值观。

17 二丑艺术（节选）

诵读主体

义仆是老生扮的，先以谏诤，终以殉主；恶仆是小丑扮的，只会作恶，到底灭亡。而二丑的本领却不同，他有点上等人模样，也懂些琴棋书画，也来得行令猜谜，但倚靠的是权门，凌蔑的是百姓，有谁被压迫了，他就来冷笑几声，畅快一下，有谁被陷害了，他又去吓唬一下，吆喝几声。不过他的态度又并不常常如此的，大抵一面又回过脸来，向台下的看客指出他公子的缺点，摇着头装起鬼脸道：你看这家伙，这回可要倒楣哩！

这最末的一手，是二丑的特色。因为他没有义仆的愚笨，也没有恶仆的简单，他是智识阶级。他明知道自己所靠的是冰山，一定不能长久，他将来还要到别家帮闲，所以当受着豢养，分着余炎的时候，也得装着和这贵公子并非一伙。

二丑们编出来的戏本上，当然没有这一种脚色的，他那里肯；小丑，即花花公子们编出来的戏本，也不会有，因为他们只看见一面，想不到的。这二花脸，乃是小百姓看透了这一种人，提出精华来，制定了的脚色。

世间只要有权门，一定有恶势力，有恶势力，就一定有二花脸，而且有二花脸艺术。我们只要取一种刊物，看他一个星期，就会发见他忽而怨恨春天，忽而颂扬战争，忽而译萧伯纳演说，忽而讲婚姻问题；但其间一定有时要慷慨激昂的表示对于国事的不满：这就是用出末一手来了。

这最末的一手，一面也在遮掩他并不是帮闲，然而小百姓是明白的，早已使他的类型在戏台上出现了。

六月十五日

知人论世

鲁迅（1881—1936），原名周樟寿，后改名周树人，字豫山，后改字豫才，浙江绍兴人。著名文学家、思想家、革命家、教育家、民主战士，新文化运动的重要参与者，中国现代文学的奠基人之一。

早年与厉绥之、钱均夫同赴日本公费留学，于日本仙台医科专门学校肄业。

“鲁迅”，1918年发表《狂人日记》时所用的笔名，也是最为广泛的笔名。

鲁迅一生在文学创作、文学批评、思想研究、文学史研究、翻译、美术理论引进、基础科学介绍和古籍校勘与研究等多个领域具有重大贡献。他对于五四运动以后的中国社会思想文化发展具有重大影响，蜚声世界文坛，尤其是在韩国、日本思想文化领域有极其重要的地位和影响，被誉为“二十世纪东亚文化地图上占最大领土的作家”。

毛泽东曾评价：“鲁迅的方向，就是中华民族新文化的方向。”

阅读鉴赏

鲁迅的杂文，常常拈出日常生活中习以为常的事物，于人们从不关注处，洞幽发微，别寓深意，在看似无关的想象与敷衍中，达到“引而不发”的犀利的批判效果。这篇《二丑艺术》就是这方面创作的一个突出的例子。

文章从浙东戏班中的丑角“二花脸”这个小事谈起。鲁迅把“二花脸”说为“二丑”，先是说明了“二丑”与小丑的不同，身份比小丑高，性格却比小丑坏。然后用主要的笔墨，进一步描绘了“二丑”的独特本领：他与老生扮的“义仆”和小丑扮的“恶仆”不同，“他有点上等人模样，也懂些琴棋书画，也来得行令猜谜，但倚靠的是权门，凌蔑的是百姓，有谁被压迫了，他就来冷笑几声，畅快一下，有谁被陷害了，他又去吓唬一下，吆喝几声。不过他的态度又并不常常如此的，大抵一面又回过脸来，向台下的看客指出他公子的缺点，摇着头装起鬼脸道：你看这家伙，这回可要倒楣哩！”到这里为止，鲁迅所讲的，看上去还是戏班的“二丑”脚色本身。到了下面，却文笔一转，进入对“二丑”的“最末一手”的分析，指出这是“二丑的特色”。为什么呢？“因为他没有义仆的愚笨，也没有恶仆的简单，他是智识阶级。他明知道自己所靠的是冰山，一定不能长久，他将来还要到别家帮闲，所以当受着豢养，分着余炎的时候，也得装着和这贵公子并非一伙。”这样，就逼近鲁迅为文的本意了，即以戏中“二丑”，隐喻讽刺当下文人——受豢养的“智识阶级”扮演的权势者“帮闲”的脚色。

文章渐入佳境之后，鲁迅由此向更深处挖掘。他根据自己的体认，揭示了这样一个事实："二丑"脚色，并非二丑们自己编出来的，小丑们编的戏本也不会有。它是"小百姓看透了这一种人，提出精华来，制定了的脚色"。然后将这种脚色的创造，上升到一种普遍性的艺术类型，并分析了"二丑艺术"产生的必然性与现实的存在形态，直逼问题的核心："世间只要有权门，一定有恶势力，有恶势力，就一定有二花脸，而且有二花脸艺术。我们只要取一种刊物，看他一个星期，就会发见他忽而怨恨春天，忽而颂扬战争，忽而译萧伯纳演说，忽而讲婚姻问题；但其间一定有时要慷慨激昂的表示对于国事的不满：这就是用出末一手来了。这最末的一手，一面也在遮掩他并不是帮闲，然而小百姓是明白的，早已使他的类型在戏台上出现了。"这样，文章题旨才全部呈现出来，对帮闲文人的办杂志、出期刊，怎样用出"最末一手"来遮掩他"并不是帮闲"的"二丑艺术"进行了尖锐的讽刺，将戏台上的群众创造与生活中的丑恶存在，戏剧中的"二花脸"脚色和现实里的"二丑艺术"，紧密连在一起，亦戏亦真，丝环相扣，由远及近，步步紧逼，使读者在接受中，不但醒悟与洞彻，而且获得艺术上的一种审美的感受。

鲁迅说自己的杂文，"论时事不留面子，砭锢弊常取类型"。（《〈伪自由书〉前记》）"不留面子"，是讽刺的锋芒，"常取类型"，是为文的技巧。这篇杂文充分体现了鲁迅的追求。他立意将现实中的一种文学现象，比喻为浙东戏中的"二花脸"脚色，由此联想升华，演绎发微，从而提炼出一个"二丑艺术"的类型，这样就使得自己的讽刺对象，不再是个别现象的偶然发现，而有了一种更大的社会批判的普遍性和代表性。它不一定指某一个杂志，或某一些人，而成为黑暗的统治者"帮闲"的一类杂志、一类知识人的总体象征，如病理学中的疮疽的图，乃是"一切某疮某疽的标本"。这种发现和提炼本身，显示了鲁迅的讽刺与幽默的才华，也给鲁迅的这篇杂文带来意蕴很深的审美的品格。它的讽刺意义和艺术价值，因此也就超越了时间的限制，获得了无尽的悠远性。

思考寄语

《二丑艺术》是鲁迅写的一篇杂文，讲述了浙东有一处的戏班中，有一种脚色叫作"二花脸"，译得雅一点，那么，就是"二丑"。他和小丑的不同，是不扮横行无忌的花花公子，也不扮一味仗势的宰相家丁，他所扮演的是保护公子的拳师，或是趋奉公子的清客。总之，身份比小丑高，而性格却比小丑坏。

18 翡冷翠山居闲话

诵读主体

在这里出门散步去，上山或是下山，在一个晴好的五月的向晚，正像是去赴一个美的宴会，比如去一果子园，那边每株树上都是满挂着诗情最秀逸的果实，假如你单是站着看还不满意时，只要你一伸手就可以采取，可以恣尝鲜味，足够你性灵的迷醉。阳光正好暖和，决不过暖；风息是温驯的，而且往往因为他是从繁花的山林里吹度过来，他带来一股幽远的澹香，连着一息滋润的水气，摩挲着你的颜面，轻绕着你的肩腰，就这单纯的呼吸已是无穷的愉快；空气总是明净的，近谷内不生烟，远山上不起霭，那美秀风景的全部正像画片似的展露在你的眼前，供你闲暇的鉴赏。

作客山中的妙处，尤在你永不须踌躇你的服色与体态；你不妨摇曳着一头的蓬草，不妨纵容你满腮的苔藓；你爱穿什么就穿什么；扮一个牧童，扮一个渔翁，装一个农夫，装一个走江湖的桀卜闪，装一个猎户；你再不必提心整理你的领结，你尽可以不用领结，给你的颈根与胸膛一半日的自由，你可以拿一条这边艳色的长巾包在你的头上，学一个太平军的头目，或是拜伦那埃及装的姿态；但最要紧的是穿上你最旧的旧鞋，别管他模样不佳，他们是顶可爱的好友，他们承着你的体重却不叫你记起你还有一双脚在你的底下。

这样的玩顶好是不要约伴，我竟想严格的取缔，只许你独身；因为有了伴多少总得叫你分心，尤其是年轻的女伴，那是最危险最专制不过的旅伴，你应得躲避她像你躲避青草里一条美丽的花蛇！平常我们从自己家里走到朋友的家里，或是我们执事的地方，那无非是在同一个大牢里从一间狱室移到另一间狱室去，拘束永远跟着我们，自由永远寻不到我们；但在这春夏间美秀的山中或乡间你要是有机会独身闲逛时，那才是你福星高照的时候，那才是你实际领受，亲口尝味，自由与自在的时候，那才是你肉体与灵魂行动一致的时候；朋友们，我们多长一岁年纪往往只是加重我们头上的枷，加紧我们脚胫上的链，我们见小孩子在草里在沙堆里在浅水里打滚作乐，或是看见小猫追他自己的尾巴，何尝没有羡慕的时候，但我们的枷，我们的链永远是制定我们行动的上司！所以只有你单身奔赴大自然的怀抱时，像一个裸体的小孩扑入他母亲的怀抱时，你才知道灵魂的愉快是怎样的，单是活着的快乐是怎样的，单就呼吸单就走道单就张眼看耸耳听的幸福是怎样的。因此你得严格的为己，极端的自私，只许你，体魄与性灵，与自然同在一个脉搏里跳动，同在一个音波里起伏，同在一个神奇的宇宙里自得。我们浑朴的天真是像含羞草似的娇柔，一经同伴的抵触，他就卷了起来，但在澄静的日光下，和风中，他的姿态是自然的，他的生活是无阻碍的。

你一个人漫游的时候，你就会在青草里坐地仰卧，甚至有时打滚，因为草的和暖的颜色自然的唤起你童稚的活泼；在静僻的道上你就会不自主的狂舞，看着你自己的身影幻出种种诡异的变相，因为道旁树木的阴影在他们纡徐的婆娑里暗示你舞蹈的快乐；你也会得信口的歌唱，偶尔记起断片的音调，与你自己随口的小曲，因为树林中的莺燕告诉你春光是应得赞美的；更不必说你的胸襟自然会跟着漫长的山径开拓，你的心地会看着澄蓝的天空静定，你的思想和着山壑间的水声，山罅里的泉响，有时一澄到底的清澈，有时激起成章的波动，流，流，流入凉爽的橄榄林中，流入妩媚的阿诺河去……

并且你不但不须应伴，每逢这样的游行，你也不必带书。书是理想的伴侣，但你应得带书，是在火车上，在你住处的客室里，不是在你独身漫步的时候。什么伟大的深沉的鼓舞的清明的优美的思想的根源不是可以在风籁中，云彩里，山势与地形的起伏里，花草的颜色与香息里寻得？自然是最伟大的一部书，葛德说，在他每一页的字句里我们读得最深奥的消息。并且这书上的文字是人人懂得的；阿尔帕斯与五老峰，雪西里与普陀山，莱茵河与扬子江，梨梦湖与西子湖，建兰与琼花，杭州西溪的芦雪与威尼市夕照的红潮，百灵与夜莺，更不提一般黄的黄麦，一般紫的紫藤，一般青的青草同在大地上生长，同在和风中波动——他们应用的符号是永远一致的，他们的意义是永远明显的，只要你自己心灵上不长疮瘢，眼不盲，耳不塞，这无形迹的最高等教育便永远是你的名分，这不取费的最珍贵的补剂便永远供你的受用；只要你认识了这一部书，你在这世界上寂寞时便不寂寞，穷困时不穷困，苦恼时有安慰，挫折时有鼓励，软弱时有督责，迷失时有南针。

十四年七月

知人论世

徐志摩(1897—1931),现代诗人、散文家。名章垿,笔名南湖、云中鹤等。浙江海宁人。1921年赴英国留学,入伦敦剑桥大学当特别生,研究政治经济学。在剑桥两年深受西方教育的熏陶及欧美浪漫主义和唯美派诗人的影响。1921年开始创作新诗。1922年回国后在报刊上发表大量诗文。1924年任北京大学教授。1926年与闻一多、朱湘等人开展新诗格律化运动,影响了新诗艺术的发展。同年移居上海,任光华大学、大夏大学和南京中央大学教授。1930年冬到北京大学与北京女子大学任教。1931年11月19日在济南附近因飞机失事身亡。

徐志摩的诗字句清新,韵律谐和,比喻新奇,想象丰富,意境优美,神思飘逸,富于变化,并追求艺术形式的整饬、华美,具有鲜明的艺术个性,为新月派的代表诗人。他的散文也自成一格,取得了不亚于诗歌的成就。其作品已编为《徐志摩文集》出版。

阅读鉴赏

这是一篇富有田园牧歌情调的"诗化"小品散文。文章情调悠闲纡徐,从容自适,虽仍然大致是"跑野马"的风格,但细细品赏,却绝非信马由缰。

全文以与隐含的读者"你"交谈"闲话"的口吻和叙述方式展开写景和抒情——亲切自然,又带些急于让"你"与之共享、与之"众乐乐"的迫不及待。作者始终扣住"自然是最伟大的一部书"的中心主题,着意从个体内心感受的角度和方式渲染抒写独自作客于翡冷翠(即佛罗伦萨)山中的妙处和快乐的心境。

在文中,读者成为那个面聆徐志摩之娓娓"闲话"的"你",作一次返归自然、充分解放性灵的诗性漫游。这种充分解放性灵的精神漫游,除主体心境首需"空"("空故纳万象")外,言为心声,语言表达上尤需顺畅无碍,一气贯通。徐志摩在这篇散文中,正是先声夺人,首先在"语感"的层面上,就营构出一种畅流不息、行云流水的美,足令读者有"如行山阴道上,目不暇接"的促迫流动感。

"在这里出门散步去,上山或是下山,在一个晴好的五月的向晚,正像是去赴一个美的宴会,比如去一果子园,那边每株树上都是满挂着诗情最秀逸的果实,假如你单是站着看还不满意时,只要你一伸手就以采取,可以恣尝鲜味,足够你性灵的迷醉。"读到这儿,读者可以勉强歇一口气,可再接着读:"阳光正好暖和,决不过暖;风息是温驯的,而且往往因为他是以繁花的山林里吹度过来,他带来一股幽远的澹香,连着……"又该上气难接下气了。仿佛只要一开始读,就像跳舞女穿上了着魔的“红舞鞋”，不管长句、短句，似乎哪儿都无法打住，非得一气儿读完才够那么一点“性灵的迷醉”。那种“如万斛泉源不择地而出”的流动之气，着实使得文章“言之短长与声之高下者皆宜”。不能不承认：不管徐志摩给人以“西化”的印象有多强烈，他终究还是一个地道的中国现代诗人。在他这儿（尤其体现于这篇散文这一段），汉语言作为一种非形态语言之形式松弛、联想丰富、组合自由、气韵生动、富于弹性和韵律的艺术禀赋，在这里发挥到淋漓尽致的程度。

“作客山中”的妙处，徐志摩体会尤深。因为山中的大自然，是远离现代文明之嚣闹繁杂的一个幽僻去处。在那儿，可摆脱日常文明社会的种种羁绊和束缚，可以完全自由自在、无拘无束：作者不用在乎人家怎样看自己，不必矫饰，“不须踌躇你的服色与体态”“再不必提心整理你的领结”……独行山中的舒畅更无可比拟。徐志摩冲动偏激到认为“顶好不带女伴”——这对天性浪漫自由纯情的诗人来说，不啻于骇世奇言。“只有你单身奔赴大自然的怀抱时，像一个裸体的小孩扑入他母亲的怀抱时，你才知道灵魂的愉快是怎样的……只许你，体魄与性灵，与自然同在一个脉搏里跳动，同在一个音波里起伏，同在一个神奇的宇宙里自得。”因为此时，人与自然沟通融合，“天人合一”了。

作为诗人，徐志摩永远有着孩童般的天真和单纯，也对逝去的童年格外珍惜，充满追忆和思念。徐志摩在《想飞》中写过“人们原来都是会飞的”的浪漫童话，在这篇“闲话”中，又同样用天真稚朴的语气给读者讲一个类似的童话：“朋友们，我们多长一岁年纪往往只是加重我们头上的枷，加紧我们脚胫上的链……”在这个童话背后，作者揭露了一个更令人震惊的事实：“平常我们从自己家里走到朋友的家里，或是我们执事的地方，那无非是在同一个大牢里从一间狱室移到另一间狱室去，拘束永远跟着我们。自由永远寻不到我们。”这里，一以贯之着徐志摩批判文明、崇尚自然的自由理想。

作者还进一步地提醒读者：也不必带书。书——这一现代文明和知识的象征，跟大自然这本更大更独特的“最伟大的一部书”相比，完全是肤浅愚笨的。我国古代文论家刘勰曾在《文心雕龙》中以精彩的华章描绘过大自然这部“奇书”：“夫玄黄色杂，方圆体分，日月叠壁，以垂丽天之象；山川焕绮，以铺理地之形，此盖道之文也。”这里写的是那个神秘的“道”（宇宙）本身的文采。这个“道”之“文”，波及大自然的一切，使大自然的一切景物（山水动植物）都禀有独特之“文”，耐人咀嚼，百读不厌：“傍及万品，动植皆文：龙凤以藻绘呈瑞，虎豹以炳蔚凝姿；云霞雕色，有逾画工之妙；草木贲华，无待锦匠之奇。”也还有诉诸听觉的“文”，或许就是徐志摩所说的“在风籁中‘寻得’伟大的深沉的鼓舞的清明的优美的思想的根源”：大自然这部书，真乃最伟大的天工之书。

然而，大自然这部奇书，却并非那么好读懂，作者提出的条件是："心灵上不长疮瘢，眼不盲、耳不塞。"若以此再结合作者在文章中一再强调的"山居""独行"而不带女伴，"不带书"等要求和叮咛，读者可以略窥得读懂大自然这部奇书的方法和途径：不但需暂时远离尘俗和现代文明的喧嚣，也需一个从容、空旷、能容万物的自由心境，更要在大自然的怀抱中，如裸体的婴儿般赤纯、天真，与大自然体悟相通，妙契同化。概而言之，需要个人性灵之完全的解放与高扬。

简而言之，也许更应该去"倾听"大自然这部奇书。"倾听"是一种交感契合的"妙悟"的境界。德国浪漫诗哲海德格尔说，读者必须下定决心去倾听，倾听使读者超逾所有传统习见的樊篱，进入更为开阔的领域。唯有"倾听"，读者才能"读懂"或听到大自然这部奇书发出的"绝对的值得一听的话，是从不曾经人口道过的"。（《话》）徐志摩正是一再强调去"倾听"大自然所发出的"绝对值得一听的话"。因为"真伟大的消息都蕴伏在万事万物的本体里，要听真值得一听的话，只有请教（生活本体与大自然）两位最伟大的先生"。

思考寄语

徐志摩的诗字句清新，韵律谐和，比喻新奇，想象丰富，意境优美，神思飘逸，富于变化，并追求艺术形式的整饬、华美，具有鲜明的艺术个性，其文值得细细品味。

致福成义
礼达四方

1 出师表

诵读主体

先帝创业未半而中道崩殂，今天下三分，益州疲弊，此诚危急存亡之秋也。然侍卫之臣不懈于内，忠志之士忘身于外者，盖追先帝之殊遇，欲报之于陛下也。诚宜开张圣听，以光先帝遗德，恢弘志士之气，不宜妄自菲薄，引喻失义，以塞忠谏之路也。

宫中府中，俱为一体，陟罚臧否，不宜异同。若有作奸犯科及为忠善者，宜付有司论其刑赏，以昭陛下平明之理，不宜偏私，使内外异法也。

侍中、侍郎郭攸之、费祎、董允等，此皆良实，志虑忠纯，是以先帝简拔以遗陛下。愚以为宫中之事，事无大小，悉以咨之，然后施行，必能裨补阙漏，有所广益。

将军向宠，性行淑均，晓畅军事，试用于昔日，先帝称之曰能，是以众议举宠为督。愚以为营中之事，悉以咨之，必能使行阵和睦，优劣得所。

亲贤臣，远小人，此先汉所以兴隆也；亲小人，远贤臣，此后汉所以倾颓也。先帝在时，每与臣论此事，未尝不叹息痛恨于桓、灵也。侍中、尚书、长史、参军，此悉贞良死节之臣，愿陛下亲之信之，则汉室之隆，可计日而待也。

臣本布衣，躬耕于南阳，苟全性命于乱世，不求闻达于诸侯。先帝不以臣卑鄙，猥自枉屈，三顾臣于草庐之中，咨臣以当世之事，由是感激，遂许先帝以驱驰。后值倾覆，受任于败军之际，奉命于危难之间，尔来二十有一年矣。

先帝知臣谨慎，故临崩寄臣以大事也。受命以来，夙夜忧叹，恐托付不效，以伤先帝之明，故五月渡泸，深入不毛。今南方已定，兵甲已足，当奖率三军，北定中原，庶竭驽钝，攘除奸凶，兴复汉室，还于旧都。此臣所以报先帝而忠陛下之职分也。至于斟酌损益，进尽忠言，则攸之、祎、允之任也。

愿陛下托臣以讨贼兴复之效，不效，则治臣之罪，以告先帝之灵。若无兴德之言，则责攸之、祎、允等之慢，以彰其咎；陛下亦宜自谋，以咨诹善道，察纳雅言，深追先帝遗诏。臣不胜受恩感激。

今当远离，临表涕零，不知所言。

知人论世

诸葛亮（181—234），字孔明，号卧龙，琅邪阳都（今山东临沂沂南）人，三国时期蜀汉丞相，杰出的政治家、军事家、散文家、书法家。在世时被封为武乡侯，死后追谥忠武侯，东晋政权特追封他为武兴王，故后世常以“武侯”“诸葛武侯”尊称诸葛亮。诸葛亮为匡扶蜀汉政权，呕心沥血。其散文代表作有《出师表》《诫子书》等。曾发明木牛流马、孔明灯等，并改造连弩，叫作诸葛连弩，可一弩十矢俱发。于234年在五丈原（今陕西宝鸡岐山境内）逝世。诸葛亮在后世受到极大尊崇，成为后世忠臣楷模、智慧化身。成都、宝鸡、汉中、南阳等地有武侯祠。诸葛亮一生鞠躬尽瘁，死而后已，是中国传统文化中忠臣与智者的代表人物。

阅读鉴赏

《出师表》是三国时期蜀汉丞相诸葛亮在决定北上伐魏、克复中原之前给后主刘禅上书的表文。作者以恳切委婉的言辞，针对当时局势，反复劝勉刘禅要继承先主刘备的遗志：开张圣听，赏罚严明，亲贤远佞，兴复汉室，表现了诸葛亮克复中原的坚定意志、以身许国的忠贞品格。

上半部分，分析当时形势，希望后主励精图治，迅速改变被动局面；下半部分，回顾自己的一生，缅怀先帝知遇之恩，表明务求北伐成功的雄心壮志。

三国时期，魏国力最强，吴次之，而蜀最为弱小。当刘备病卒于白帝城（今重庆奉节）时，他留给诸葛亮的是一个内外交困的局面，一个年幼无知的后主。危难之时，诸葛亮承担起蜀汉的全部实际责任，对内严明法纪，奖励耕战；对外联合孙吴，准备伐魏。经过数年努力，“国以富饶”“风化肃然”，于是率军汉中，以图中原。诸葛亮之所以不顾蜀魏两国实力悬殊，“劳师以袭远”，先后六次统兵伐魏，原因在于北定中原、兴复汉室是先主遗愿。这是诸葛亮出师北伐的精神力量，也是他后半生全部活动的精神支撑。千百年来，一封奏疏能被奉为经典，就在于《出师表》淋漓尽致地展现了作为社稷之臣的忠肝义胆、“鞠躬尽瘁，死而后已”的伟大精神，尤其当国家处于危难之际，这种精神更加焕发出它独特而强大的感召力。

全文以议论为主，融以叙事和抒情。此文是奏章，是诸葛亮向刘禅陈述意见，提出政治主张，因此以议论为主；诸葛亮要让刘禅知道创业的艰难，激励其完成先帝未竟的大业，因而文中兼叙了自己的身世和追随先帝的经过；诸葛亮对蜀汉无限忠诚，因而言辞充满殷切期望之情。本文前半部分重在晓之以理，后半部分重在动之以情。字字句句从肺腑中流出，析理透辟，真情充溢，感人至深。

本文以率直质朴的语言表现恳切忠贞的感情。在600余字的篇幅里，先后13次提及“先帝”，7次提到“陛下”，处处为后主着想，既不失臣子的身份，又切合长辈的口吻。本文多以四字句行文，并用一些排比、对偶句式，如“侍卫之臣不懈于内，忠志之士忘身于外”“苟全性命于乱世，不求闻达于诸侯”“受任于败军之际，奉命于危难之间”，体现了东汉末年骈体文的特色。文中运用大量合成词，现已为成语，如“妄自菲薄”“引喻失义”“作奸犯科”“苟全性命”“斟酌损益”“感激涕零”“不知所言”等。

思考寄语

古人云：“感人心者，莫先乎情。”《出师表》之所以如此感人肺腑，就在于它的情真意切。一千多年来，时间的长河没有冲淡诸葛亮忘身忧国的赤诚之心，流逝的岁月没有销蚀诸葛亮忠贞不渝的爱主之情，历史的车轮反而留下了深深的辙痕，那就是独属于诸葛亮的八个大字——“鞠躬尽瘁，死而后已”！

这就是经典的独特魅力，诵读经典，常读常新！

2 礼记·经解（节选）

诵读主体

礼之于正国也，犹衡之于轻重也，绳墨之于曲直也，规矩之于方圜也。故衡诚县，不可欺以轻重；绳墨诚陈，不可欺以曲直；规矩诚设，不可欺以方圆；君子审礼，不可诬以奸诈。是故隆礼、由礼，谓之有方之士；不隆礼、不由礼，谓之无方之民。敬让之道也。故以奉宗庙则敬，以入朝廷则贵贱有位，以处室家则父子亲、兄弟和，以处乡里则长幼有序。孔子曰："安上治民，莫善于礼。"此之谓也。

故朝觐之礼，所以明君臣之义也。聘问之礼，所以使诸侯相尊敬也。丧祭之礼，所以明臣子之恩也。乡饮酒之礼，所以明长幼之序也。婚姻之礼，所以明男女之别也。夫礼，禁乱之所由生，犹坊止水之所自来也。故以旧坊为无所用而坏之者，必有水败；以旧礼为无所用而去之者，必有乱患。故婚姻之礼废，则夫妇之道苦，而淫辟之罪多矣。乡饮酒之礼废，则长幼之序失，而争斗之狱繁矣。丧祭之礼废，则臣子之恩薄，而倍死忘生者众矣。聘觐之礼废，则君臣之位失，诸侯之行恶，而倍畔侵陵之败起矣。

故礼之教化也微，其止邪也于未形，使人日徙善远罪而不自知也。是以先王隆之也。《易》曰："君子慎始，差若毫厘，缪以千里。"此之谓也。

知人论世

戴圣，字次君，西汉梁国睢阳（今河南商丘睢阳）人。西汉官员、学者，汉代今文经学的开创者，世称小戴。戴圣与叔父戴德曾跟随后苍学《礼》，两人被后人合称为"大小戴"。著作有《礼记》，为儒家经典著作之一。《礼记》主要记载了先秦时期的礼仪制度的产生、内容以及变迁，是研究古史的重要材料，具有很高的文学价值。内容繁多，涉及哲学、历史、道德、祭祀、文艺、习俗等方方面面，还有大量的哲理名言、警句，精辟而意义深刻，对后人有着重要的借鉴意义。

戴圣将战国到汉初孔子弟子及其再传、三传弟子等人所记的各种有关礼仪等论著，编撰成书，被称为《小戴记》或《小戴礼记》。该书原为解说《仪礼》的资料汇编，后经郑玄作注，摆脱从属于《仪礼》的地位而独立成书，其要言精义比起《仪礼》中的繁文缛节，更有利于维护封建统治。戴圣因此开创了“小戴学”。

戴圣精心讲授“礼学”，授徒颇多，曾传其学于梁国同乡睢阳人桥仁、杨荣等，于是，今文礼学“小戴学”又有了“桥、杨氏之学”。小戴对于传播和发展《礼》学有一定贡献，《小戴礼记》被列为儒家经典，“三礼”之一，唐时被称为“大经”，明时已取代《仪礼》成为“五经”中的《礼》。该书在中国儒家思想史上占有重要地位，为后人研究和发展儒家思想文化提供了重要资料。

阅读鉴赏

用礼来治国，就好比用秤来称轻重，用绳墨来画曲线、直线，用规矩来画方形、圆形。所以，如果把秤认真地悬挂起来，是轻是重就骗不了人了；把绳墨认真地陈设在那里，是曲线是直线就骗不了人了；把规矩认真地陈设在那里，是方形、是圆形就骗不了人了；如果君子深明于礼，那么任何奸诈伎俩也就骗不了人了。所以，重视礼、遵循礼的人，叫作有道之士；不重视礼、不遵循礼的人，叫作无道之民。礼的运用以敬让为贵，把礼运用到宗庙之内，就会人人恭敬；把礼运用到朝廷之上，就会贵贱有别；把礼运用到家庭之内，就会父子相亲、兄弟和睦；把礼运用到乡里之中，就会形成尊老爱幼的风气。孔子说：“安上治民，莫善于礼。”就是说的这个意思。

所以制定了朝觐之礼，是用来表明君臣之间的名分；制定了聘问之礼，是用来让诸侯互相尊敬；制定了丧祭之礼，是用来表明臣子不应忘记君亲之恩；制定了乡饮酒之礼，是用来表明尊老敬长的道理；制定了男婚女嫁之礼，是用来表明男女有所区别。礼，可以用来消除祸乱的根源，就好比堤防可以防止河水泛滥那样。所以，如果认为早先的堤防没有用处而加以破坏，一定会酿成水灾；认为老辈子的礼没有用处而废弃不用，一定会导致天下大乱。所以说，如果废弃男婚女嫁之礼，夫妇之间的关系就会遭到破坏，而淫乱苟合、伤风败俗的坏事就多了；废弃乡饮酒之礼，就会导致人们没老没少，而互相争斗的官司就多了；废弃丧祭之礼，就会导致做臣子的忘掉君亲之恩，而背叛死者、忘记祖先的人就多了；废弃朝觐、聘问之礼，就会导致君臣之间的名分丧失，诸侯的行为恶劣，而背叛君主、互相侵凌的祸乱就会产生了。

所以，礼的教化作用是从看不见的地方开始，它禁止邪恶是在邪恶处于萌芽状态时就开始了，它使人们在不知不觉之中日积月累地弃恶扬善，所以先王对它非常重视。《易》上说："君子非常重视事情的开始。开始的时候尽管只是一点不起眼的差错，结果却会导致极大的祸害。"说的就是这个道理。

礼是礼仪、规则、规矩。礼起始于简略，逐渐形成固定的仪式，与人之间的交往、人间事务往来、社会和谐进步建立在"礼"上，就是最美好的存在状态。礼仪规矩从简单处开始，然后形成一定的程式规则，最终使大家产生共同的愉悦喜乐。人没有礼的规范就不能很好地生活，做事没有礼为依据就不能圆满完成，国家缺少礼的规制就不得安宁。

汉代以降的两千多年的历史上，礼治一直充当着治理国家、管理社会的重要手段，发挥着维护社会和谐、稳定、有序的重要作用，特别是那些盛大的王朝更是如此。儒家主张"为国以礼"，把"礼"作为治理国家、管理社会的主要手段，这样的政治模式或政治理想可以称为"礼治"。我们要运用科学的分析方法，掀开蒙在礼治之上的阶级的、等级制的外衣，淡化其中的等级意识，贯注以现代社会的平等精神，就可以揭示出礼治所具有的稳定社会、实现社会有序与和谐的社会功用，从中获得有益的启示和借鉴，吸收其中的合理因素，为我们建设现代和谐社会提供传统文化的思想资源。伦理道德是保证社会和谐的基本规范，一个道德沦丧的社会是不可能和谐发展的。

思考寄语

无论时代怎么变迁，有些老祖宗传下来的规矩，是中华文明的精华，不能丢。其实这些老规矩，都能用一个词来概括，那就是"礼仪"。

规矩，是一种教养，更是一种传承。如同我国的家训，所谓良训传家，这是从人生经验中总结出来的智慧，把伦理道德化成日常的行为规矩和礼仪，培育文明而高雅之人。如果没有规矩，不遵守礼仪，那礼仪之邦的美誉势必无法继续传承和发展。

懂得规矩，守住礼仪，才能守住人生。

明礼、习礼和执礼的过程就是教育（教化）的过程。教化功能不仅是我国传统教育的要义，也是现代教育的应有之义。

3 丰子恺教子知礼仪(节选)

诵读主体

丰子恺是中国现代著名画家、教育家、翻译家和散文家。同时,他创作了大量儿童漫画和儿童题材的文学作品。

丰子恺特别喜欢孩子、热爱孩子,甚至到了“崇拜孩子”的地步。在“小燕子似的一群儿女”面前,他是一位善良温厚的父亲。他从不要求孩子做什么,任由他们根据兴趣自由发展。

但就是这样一位父亲,却并不娇纵孩子。丰子恺曾说过:“孩子的心灵是最纯洁的,他们是身心全部公开的人,好的教育和坏的教育都很容易接受。父亲是孩子的第一任老师,因此父亲对孩子的影响是至关重要的。”在生活中,丰子恺时时处处注意自己的一言一行对孩子的影响,努力使他们健康成长。

丰子恺经常给孩子们讲,对人一定要有礼貌。他解释说,“礼仪”就是待人接物的具体礼节和仪式。在这些礼数上,他自己固然做得周到细致,孩子们也一样不能马虎。

丰子恺是名人,家里常有客人来访。每逢家里有客人来,丰子恺总是耐心地对孩子们说:“客人来了要热情招待,要主动给客人倒茶、添饭,而且一定要双手捧上,不能用一只手。”为了让孩子们好理解,他还风趣地打比方:“如果用一只手给客人端茶、送饭,就好像是皇上给臣子赏赐,或是像对乞丐布施,又好像是父母给小孩子喝水、吃饭。这是非常不恭敬的。”他还说:“要是客人送你们什么礼物,可以收下,但你们接的时候要躬身双手去接。躬身,表示谢意;双手,表示敬意。”这些细致入微的教导都深深地印在了孩子们的心里。

有一次,丰子恺在一家餐馆宴请一位远道而来的朋友,把几个十多岁的孩子也带去作陪。孩子们吃饭时还算有礼貌,守规矩。可是吃完以后,他们之中就有人嘟囔着想先回家。丰子恺听到了也不大声制止,只是悄悄地告诉他们不能急着回家。事后,丰子恺对孩子们说:“我们家请客,我们全家人都是主人,你们几个小孩子也是主人。主人比客人先走，那是对客人不尊敬，就好像嫌人家客人吃得多。这很不好。”孩子们听了，都很懂事地点头。

在丰子恺的言传身教下，他的孩子个个懂规矩、讲礼貌。七个子女成人后无不表现出良好的修养，令人赞叹。

知人论世

丰子恺（1898—1975），原名丰润，我国现代画家、散文家、美术教育家、音乐教育家、漫画家、书法家和翻译家，一生共出版画集、著作和译著170余部。他是中国现代漫画的开端，被誉为“现代中国最像艺术家的艺术家”“中国现代漫画鼻祖”。丰子恺是我国新文化运动的启蒙者之一，早在20世纪20年代就出版了《艺术概论》《音乐入门》《西洋名画巡礼》等著作。

丰子恺自幼爱好美术，1914年入省立第一师范学校，从李叔同学习绘画和音乐。李叔同对他的一生影响甚大。1918年秋，李叔同在杭州虎跑寺出家，丰子恺曾写作文《怀念李叔同先生》以纪念恩师。1919年师范学校毕业后，与同学数人在上海创办上海专科师范学校，并任图画教师。1921年东渡日本短期考察，学习绘画、音乐和外语。1922年回国，到浙江上虞春辉中学教授图画和音乐，与朱自清、朱光潜等人结为好友。之后从事美术、音乐教学，曾任上海开明书店编辑，上海大学、复旦大学、浙江大学美术教授。同时，进行绘画、文学创作和文学、艺术方面的编译工作。中华人民共和国成立后，丰子恺历任上海市人大代表、全国政协委员、中国美术家协会上海分会主席、上海文联副主席、上海中国画院院长等职。他的画作多以儿童作为题材，幽默风趣，反映社会现象，漫画以“曲高和众”的艺术主张和“小中能见大，弦外有余音”的艺术特色备受世人青睐。

阅读鉴赏

家风是家庭成员文化修养、行为准则、人格品位、人际关系等方面的具体体现。家风虽然是无形的，但对孩子的影响却是巨大的。它既是一种耳濡目染、潜移默化的教育力量，又是孩子行为规范的自动调节器，更是孩子陶冶道德情操的天然熔炉。

丰子恺是我国著名画家、散文家、漫画家、书法家和翻译家。但他更为人称道的是对子女的爱与教育。他有七个子女，得益于他的教育方式，每个孩子都得以成才，有的成为音乐家，有的成为教育家，有的成为成功的商人，有的是作家。

先来看看丰子恺的家训：正直为人、认真做事、宽厚待人。正直为人，是丰氏家教中极为强调的重点。“先器识，后文艺”，丰子恺一直教导子女要先学做人，之后方可谈学问、艺术。为人要正直、坦率，绝不可弄虚作假、投机取巧。丰子恺经常教导子女和后辈的两句话。第一句是：“一个人能来到这个世界是极其偶然的。”所以要珍惜生命，也就是珍惜时间。第二句是：“人来到这个世界不仅仅是为了吃饭。”因此要努力多做点有意义的事。怎么来珍惜时间，多做有意义的事呢？那就只有“认真”两字。丰子恺待人宽厚、温和，凡亲近、接触过他的人都深有感受。他对子女和学生有时也很严厉，但这种严厉出于深爱和责任，对朋友、同事宽厚，对工人和保姆同样宽厚，待若家人。良好的家风，对孩子的成长有着极大的促进作用。有的时候，礼仪除了要靠教，还得要靠生活中的熏陶。

丰子恺是我国卓有成就的文艺大师，这样一位德高望重的大师，在教育子女方面却从细节入手，言传身教。他常常和子女们一起玩耍，随时纠正他们的不良习惯和小错误，而他也从孩子们的嬉戏中，得到了许多创作灵感。大师对于子女们的细节教育，是值得我们学习和借鉴的。

思考寄语

家庭教育是孩子成长过程的基础性教育，良好的家风是未成年人成长的基石。中国上下五千年，素有礼仪之邦之称，向来重视家风和家训，古人常说“无规矩不成方圆”，于是家家之训形成家家之风。良好的家风，不仅是有形的模仿，更是无形的塑造。家风端正的家庭，其子女成才率高，犯罪率低。此外，家风还具有继承性和延续性，即凡是在具有良好家风的家庭中成长起来的孩子，其将来又会成为合格的家长。所以形成良好的家风，其意义非同小可。

4 礼记·檀弓上（节选）

诵读主体

大公封于营丘，比及五世，皆反葬于周。君子曰："乐，乐其所自生，礼不忘其本。古之人有言曰：狐死正丘首。仁也。"

知人论世

《礼记》是战国至秦汉年间儒家学者解释说明经书《仪礼》的文章选集，是一部儒家思想的资料汇编。

据传，《礼记》一书的编订者是西汉礼学家戴德和他的侄子戴圣。戴德选编的85篇本叫《大戴礼记》，在后来的流传过程中若断若续，到唐代只剩下了39篇。戴圣选编的49篇本叫《小戴礼记》，即我们今天见到的《礼记》。这两本书各有侧重和取舍，各有特色。东汉末年，著名学者郑玄为《小戴礼记》作了出色的注解，后来这个本子便盛行不衰，并由解说经文的著作逐渐成为经典，到唐代被列为"九经"之一，到宋代被列入"十三经"之中，位居"三礼"之首，成为士人必读之书。

《礼记》的内容主要是记载和论述先秦的礼制、礼意，解释仪礼，记录孔子和弟子等的问答，记述修身做人的准则。实际上，这部九万字左右的著作内容广博，门类杂多，涉及政治、法律、道德、哲学、历史、祭祀、文艺、日常生活、历法、地理等诸多方面，几乎包罗万象，集中体现了先秦儒家的政治、哲学和伦理思想，是研究先秦社会的重要资料。《礼记》章法严谨，映带生姿，文辞婉转，前后呼应，语言整饬而多变。《礼记》中记载的古代文化史知识及思想学说，对儒家文化传承、当代文化教育和德行教养，及社会主义和谐社会的建设有重要影响。

阅读鉴赏

太公封于齐都营丘。因太公留朝为太师，死后遂葬于周。此后，其五代子孙虽死于齐，也都随太公葬于周。君子说：“音乐，还是故国的声音最好听。礼的精神，也是不忘其本。”古人有句俗话说：“狐狸死了，也要头对着狐穴所在的方向，这也是不忘其本啊！”

每一个人的心中都有一方思念的故乡土地。虽然岁月流逝了，但是那片土地是不会流逝的，它见证了一个人人生的起步旅程；它也永远留在一个人的心中，在这个人生中，蓦然回首时，也许还能抹平那些岁月的沧桑吧！“人生旅途崎岖修远，起点站是童年。人第一眼看见的世界——几乎是世界的全部，就是生我育我的乡土。”战国时期，屈原因遭人忌妒与陷害，得不到楚王的信任，被放逐到外地。他在被放逐的困苦生活中，写下许多反映人民愿望与现实矛盾的诗篇，他的《哀郢》诗曰“鸟飞反故乡兮，狐死必首丘”，表现了他对故国故乡的眷恋。

是啊！故乡的确有几番让人难以忘记的记忆。曾经，在这片土地上处处有我们的足迹。而现在却只留下了回忆，往事已如烟一般散去，物是人非，的确有几番人生如梦的感觉。好在故乡还在，她永远在我们心中，那沉淀的记忆也不会随着岁月的流逝而消失。早在氏族部落时期，先民们就有了这种爱护部族、爱惜族民的观念，这种观念随着时光的发展，渐渐演变为一种本能，那就是故国情、思乡情。

思考寄语

安土重迁是中华民族的传统，我们祖先有个根深蒂固的观念，以为一切有生之伦，都有返本归元的倾向：鸟恋旧林；鱼思故渊；胡马依北风；狐死必首丘；树高千丈，落叶归根。本文告诫人们饮水思源，不可忘本。现常用首丘之思比喻不忘本或怀念故乡，也比喻对故国、故乡的思念。

5 自题小像

诵读主体

灵台无计逃神矢，风雨如磐暗故园。
寄意寒星荃不察，我以我血荐轩辕。

知人论世

鲁迅（1881—1936），中国现代文学的奠基者。原名周树人，字豫山、豫亭，后改字豫才，浙江绍兴人。著名文学家、思想家、革命家、教育家、民主战士。1918年5月，首次以“鲁迅”作笔名，发表了中国文学史上第一篇白话小说《狂人日记》。他是中国现代小说、白话小说和近代文学的奠基人之一，新文化运动的领导人，左翼文化运动的支持者。他的著作以小说、杂文为主，代表作有：小说集《呐喊》《彷徨》《故事新编》，散文集《朝花夕拾》，文学论著《中国小说史略》，散文诗集《野草》，杂文集《坟》《热风》《华盖集》等。

阅读鉴赏

《自题小像》这首诗原无题目，诗题为作者好友许寿裳在其发表的《怀旧》一文中所加。

我的心没有办法逃避这（神秘隐匿的）箭矢刺射所带来的痛，因为我的国家正在遭受着灾难。这份情感寄托给天上的星星却没有人明了，我誓将以我的一腔热血报效祖国。

1903年，鲁迅在《浙江潮》上发表了《斯巴达之魂》，歌颂斯巴达人以生命和鲜血抗击侵略者，借以抨击清朝统治者的丧权辱国、唤醒中国人民起来斗争，并毅然剪掉象征封建传统和种族压迫的辫子，在一张剪掉辫子的照片背面题写了这首诗送与好友许寿裳。

第一句“灵台无计逃神矢”，诗开头用神话故事表达了作者强烈的爱国主义精神。作者还在南京求学时，就努力学习西方的先进思想，密切关注当时的政治局势，关心国家大事，关心民族命运；到日本后，又受到孙中山领导的民族民主革命的思潮影响，因而祖国的垂危、人民的苦难，更像神箭一样射中了他，使他无时无刻不为祖国和人民的命运担心和忧虑。这句诗展示了作者热爱祖国、热爱人民，把挽救国家危亡看作自己神圣职责的革命胸怀，表现了鲁迅积极战斗的人生观和彻底反帝反封建的革命民主主义立场。第二句“风雨如磐暗故园”，描述自己爱憎的原因，是说帝国主义、封建主义的侵略和压迫，犹如磐石压顶，使祖国暗无天日，景象惨淡，岌岌可危。这句诗，高度概括了半封建半殖民地旧中国黑暗悲惨的现状，是产生“灵台无计逃神矢”这一强烈感情的客观原因。作者这时虽身居异域，远隔重洋，但万里海天，并没有隔断他同祖国人民息息相通的联系。他遥念在帝国主义列强宰割蹂躏和清王朝统治下的祖国灾难重重、危机四伏，内心的忧愤溢于字面。“暗”字不但写出了黑暗动荡的祖国的政治形势，而且写出了鲁迅无法遏制的愤慨和深沉的忧虑。第三句流露出对百姓麻木不仁的苦闷和忧虑，“寄意寒星荃不察”，“意”，指作者的救国救民的理想；“荃”，指人民。这里，作者用浪漫主义的想象表达自己拯救祖国的希望，希望他的救国救民的理想能为“荃”所理解，即希望祖国人民觉醒起来。作者当时对人民群众的力量是有一定认识的，但是由于历史的局限，鲁迅对人民群众的革命积极性还估计不足，因此发出了“寄意寒星荃不察”的慨叹。鲁迅慨叹“荃不察”，是迫切希望祖国人民能尽快觉醒，以便担当起拯救祖国的任务。最后一句“我以我血荐轩辕”，是鲁迅对祖国、对人民发出的庄严誓言，决心为祖国、为人民而献身。虽然人民暂时还未觉醒，但他要尽自己的努力，唤醒群众，和群众一起参加战斗，甘洒热血写春秋。这一肝胆照人、气贯长虹的诗句，字字倾注了作者鲁迅对祖国、对人民的无限忠心，表现了青年时代鲁迅的强烈的爱国主义精神和反帝反封建的革命英雄气概，将诗的感情升华到了一个新的高度。

这首诗的创作缘起于剪辫子。鲁迅在《藤野先生》一文中对“头顶上盘着大辫子，顶得学生制帽的顶上高高耸起，形成一座富士山”的“清国留学生”进行了辛辣的讽刺，这可视为鲁迅毅然剪辫的形象注脚。而鲁迅断发并且题诗于小照背后赠送给挚友，则显然是借以明志。可以说“剪辫”是青年鲁迅与封建思想决裂，自觉接受民主思想的鲜明标志。鲁迅后来在《呐喊·自序》中叙述了“写起小说来”之前的几个思想发展阶段，其“弃医从文”志向的确立便发生在他写《自题小像》之后。鲁迅“弃医从文”，确立了他一生的奋斗目标，其源概出于“我以我血荐轩辕”所表露的爱国之情、报国之志。

思考寄语

“我以我血荐轩辕”是《自题小像》诗的爱国主义感情的升华，也是青年鲁迅鸿鹄之志的写真，更是鲁迅先生矢志不渝、毕生实践的人生格言。在“我以我血荐轩辕”这壮美诗句的字里行间，跳荡着一个伟大的民族英灵，它激励着当代亿万青年去光大这“民族魂”，去实践这值得“毕生实践的格言”！

6 周公吐哺

诵读主体

其后武王既崩，成王少，在强葆之中。周公恐天下闻武王崩而畔，周公乃践阼代成王摄行政当国。管叔及其群弟流言于国曰：“周公将不利于成王。”周公乃告太公望、召公奭曰：“我之所以弗辟而摄行政者，恐天下畔周，无以告我先王太王、王季、文王。三王之忧劳天下久矣，于今而后成。武王蚤终，成王少，将以成周，我所以为之若此。”于是卒相成王，而使其子伯禽代就封于鲁。周公戒伯禽曰：“我文王之子，武王之弟，成王之叔父，我于天下亦不贱矣。然我一沐三捉发，一饭三吐哺，起以待士，犹恐失天下之贤人。子之鲁，慎无以国骄人。”

知人论世

周公，姬姓，名旦，是周文王姬昌第四子，周武王姬发的弟弟，曾两次辅佐周武王东伐纣王，并建立礼仪，创制音乐。因其采邑在周，爵为上公，故称周公。周公是西周初期杰出的政治家、军事家、思想家、教育家，被尊为“元圣”和儒学先驱。

本文节选自《史记·鲁周公世家》。

司马迁（前145—？），字子长，夏阳（今陕西韩城南）人，一说龙门（今山西河津）人。西汉伟大的史学家、文学家、思想家。司马谈之子，任太史令，因替李陵败降之事辩解而受宫刑，后任中书令。发奋继续完成所著史籍，被后世尊称为史迁、太史公、历史之父。他以其“究天人之际，通古今之变，成一家之言”的史识创作了中国第一部纪传体通史《史记》（原名《太史公书》），该书记载了从上古传说中的黄帝时期，到汉武帝太初年间，长达3000多年的历史，是“二十四史”之首，被鲁迅誉为“史家之绝唱，无韵之离骚”，被公认为中国史书的典范。

阅读鉴赏

武王去世，成王幼小，尚在襁褓之中。周公怕天下人听说武王死了而背叛朝廷，就登位替成王代为处理政务，主持国家大权。管叔和他的弟弟们在国中散布流言说：“周公将对成王不利。”周公就告诉太公望、召公奭（shì）说：“我之所以不避嫌疑代理国政，是怕天下人背叛周室，没法向我们的先王太王、王季、文王交代。三位先王为天下之业忧劳甚久，现在才刚成功。武王早逝，成王年幼，我只是为了完成稳定周朝之大业，才这样做。”于是还是辅佐成王，而命其子伯禽代自己到鲁国受封。周公告诫伯禽说：“我是文王之子，武王之弟，成王之叔父，在全天下人中我的地位不算低了。但我却洗一次头要多次握起头发，吃一顿饭多次吐出正在咀嚼的食物，起来接待贤士，这样还怕失掉天下贤人。你到鲁国之后，千万不要因有国土而骄慢于人。”

因为成王年幼，为了保证江山稳固，周公不避嫌，亲自处理政务，体现出他对君王和国家的一片忠心。然而这样的忠心依旧惹来流言蜚语，当面对是否想夺权篡位的质疑时，周公坦坦荡荡，讲明自己如此做的原因，体现出他光明磊落的一面。当伯禽准备去鲁国受封时，周公又用亲身的例子告诫他务必礼贤下士，不可轻慢于人。“然我一沐三捉发，一饭三吐哺，起以待士”意为洗发时多次绾束头发停下来不洗，进食时多次吐出食物停下来不吃，急于迎客。后遂以“周公吐哺”等比喻为了招揽人才而操心忙碌。曹操在《短歌行》中就曾借用典故“周公吐哺，天下归心”来咏叹自己求贤若渴之心。

周公辅佐武王、成王，为周王朝的建立和巩固做出了重大贡献。特别是他在受成王冤屈以后仍忠心耿耿，为周王朝的发展呕心沥血，直至逝世，终天下大治，成为后世为政者的典范。孔子的儒家学派把周公的人格典范作为最高典范，最高政治理想便是周初的仁政，孔子终生倡导的就是周公的礼乐制度。

思考寄语

孙中山说：“治国经邦，人才为急。”从古至今人才都是稀缺资源，其贵重程度远高于财富，所以才有“千金买马骨”的典故，也正是有了“周公吐哺”的爱才、惜才，才有周王朝的兴盛与八百年江山。21世纪是人才的世纪，人才决定一个国家、民族的兴衰荣辱，所以我们应当努力学习，掌握本领，成为人才，成为千里马。也希望有朝一日当我们有能力举贤荐能的时候，能够成为伯乐，礼贤下士，真诚待人，为祖国吸引聚集更多的人才。

7 弟子规（节选）

诵读主体

行走之礼

步从容，立端正。揖深圆，拜恭敬。勿践阈，勿跛倚。勿箕踞，勿摇髀。缓揭帘，勿有声。宽转弯，勿触棱。执虚器，如执盈。入虚室，如有人。

待人之礼

长呼人，即代叫。人不在，己即到。称尊长，勿呼名。对尊长，勿见能。路遇长，疾趋揖。长无言，退恭立。骑下马，乘下车。过犹待，百步余。长者立，幼勿坐。长者坐，命乃坐。尊长前，声要低。低不闻，却非宜。进必趋，退必迟。问起对，视勿移。

仪表之礼

朝起早，夜眠迟。老易至，惜此时。晨必盥，兼漱口。便溺回，辄净手。冠必正，纽必结。袜与履，俱紧切。置冠服，有定位。勿乱顿，致污秽。衣贵洁，不贵华。

知人论世

《弟子规》原名《训蒙文》，是中国传统的启蒙教材之一，作者是清朝康熙年间的教书先生李毓秀。李毓秀（1647—1729），字子潜，号采三，清初著名学者、教育家。

《弟子规》全文仅1080个字，一共360句。其内容紧扣《论语·学而篇》中的“弟子入则孝，出则悌，谨而信，泛爱众而亲仁，行有余力则以学文”。可见，《弟子规》是由一名教师以儒家经典为基础，结合自己多年教学实践经验编写的，是一本关于做人的规矩及学习方法的书。

阅读鉴赏

中国自古以来就是礼仪之邦，文明礼仪是中华民族的优良传统。行走、坐、立、仪表等日常生活中的小事，在古代极受重视，不仅成为社会交往的基本礼节，而且已经成为一种社会公德。

行走之礼：走路时要不紧不慢、从容大方，站立时要端庄直立。作揖行礼时要把身子弓下去，行叩拜礼时要表现得恭恭敬敬。在家门口站立时不要把脚踩在门槛上，不要瘸腿斜靠着，落座时不要把两腿叉开，不要摇晃双腿。进门时要缓慢地揭开门帘，不能弄出声响。走路拐弯时角度大些，以免碰到东西或人。手里拿着未盛东西的器具，要像拿着装满了东西的器具一样小心。

待人之礼：如果听见年长者叫唤人，就应立即帮他去叫喊。如果要叫喊的人不在，自己就立即到年长者那里去看看有什么事。称呼长者，不可以直呼其名。在尊长面前要表现得谦虚恭敬，不要自我表现才能。走在路上如果遇上了尊长，要快步迎上去行礼问候。如果尊长不说话，要退在一旁恭恭敬敬地站立。如果骑着马行路时遇见长者要下马，坐着车行路时遇到长者要下车。长辈走后，自己还要在原地待会儿，等长辈走到百步以外，自己才能上马或上车。如果长辈站着，晚辈就不可以坐下，长辈坐下以后，命令你坐，这时你才可以坐。在长辈面前说话，声音要低些，但是也不能太低，如果低到听不太清楚，那也是不适宜的。在见尊长的时候，走路要快些，见过尊长告退的时候，动作一定要缓慢。长辈问话时要站起来回答，双目望着长辈，不能左顾右盼。

仪表之礼：清晨要早起，晚上要迟睡。一个人很容易从少年就到了老年，所以每个人都要珍惜此时此刻的宝贵时光。早晨起床后一定要洗脸洗手，在洗脸洗手的时候还要刷牙漱口。每次大小便完毕，都要把手洗干净。帽子一定要戴端正，穿衣服时要把纽扣扣好。袜子和鞋子要穿整齐，鞋带要系紧。脱下来的帽子和衣服，应当放置在一个固定的地方，不能随便乱扔，以免把衣帽弄脏。衣服的穿着贵在整洁干净，而不在于华贵漂亮。

除了以上几种礼仪之外，还有入座之礼、饮食之礼、观赏之礼、言谈之礼等，这些礼仪对于发扬社会清正之风、弘扬民族传统文化、促进社会和谐发展、规范人们的言行举止都有非常重要的意义。

思考寄语

礼仪是人类为维系社会正常生活而要求人们共同遵守的最起码的道德规范，它是人们在长期共同生活和相互交往中逐渐形成，并且以风俗、习惯和传统等方式固定下来的。对一个人来说，礼仪是一个人的思想道德水平、文化修养、交际能力的外在表现；对一个社会来说，礼仪是一个国家社会文明程度、道德风尚和生活习惯的反映。

8 王孙满观秦师

诵读主体

二十四年，秦师将袭郑，过周北门。左右皆免胄而下拜，超乘者三百乘。王孙满观之，言于王曰："秦师必有谪。"王曰："何故？"对曰："师轻而骄，轻则寡谋，骄则无礼。无礼则脱，寡谋自陷。入险而脱，能无败乎？秦师无谪，是道废也。"是行也，秦师还，晋人败诸崤，获其三帅丙、术、视。

知人论世

本篇选自《国语》，作者左丘明。

左丘明（约前502—前422），单姓左，名丘明，春秋末期史学家。左丘明曾任鲁国史官，孔子编订六经，左丘明为解析六经之一《春秋》而著《左传》，亦著《国语》。《左传》《国语》两书记录不少西周、春秋的重要史事，史料翔实，文笔生动，具有很高的史学价值。左丘明是中国传统史学的创始人，被史学界推为中国史学的开山鼻祖，被誉为“百家文字之宗，万世古文之祖”“文宗史圣”“经臣史祖”，孔子、司马迁均尊左丘明为“君子”。左丘明的思想是儒家思想，在当时较多地反映了人民的利益和要求。

左丘明与孔子生活在同一时代，孔子与其同好恶，称其为君子，是一位品德高尚，值得尊敬的先儒、先贤。左丘明的著作及其学术思想是儒学文化的重要组成部分。

《国语》，又名《春秋外传》或《左氏外传》。相传为春秋末鲁国的左丘明所撰，但现代有的学者从内容判断，认为是战国或汉后的学者托名春秋时期各国史官记录的原始材料整理编辑而成。《国语》是中国最早的一部国别体史书，凡二十一卷（篇），分周、鲁、齐、晋、郑、楚、吴、越八国记事。记事时间起自西周中期，下迄春秋战国之交，前后约500年。

相较《左传》，《国语》所记事件大都不相连属，且偏重记言，往往通过言论反映事实，以人物之间的对话刻画人物形象，具有一定的文学价值。《国语》按照一定顺序分国排列，在内容上偏重于记述历史人物的言论，这是《国语》最大的特点。

阅读鉴赏

周襄王二十四年，秦国军队准备袭击郑国，行军通过周王城北门，每辆兵车上的左右卫都只是摘下头盔向王宫礼拜，算是向周天子表示敬意。但刚一下车又一跃而登车，前进的有三百辆兵车的左右卫。王孙满看见这情形，对周王说：“秦国军队一定会遇到大灾祸。”王问：“为什么呢？”王孙满说：“秦国军队举动轻狂而骄横，轻狂无礼就缺少谋略，骄横就不注意礼节。不注意礼节就会随随便便，缺少谋略就会使自己陷入困境。进入险要之地还在随随便便，漫不经心，能不失败吗？秦国军队不遭到灾祸，那自古传下来的道理就不管用了。”这次偷袭郑国的军事行动劳而无功，秦国军队回国途中，遭到晋国伏兵在崤山的痛击，秦军的三个主帅白乙丙、西乞术、孟明视全被晋军俘虏。

《王孙满观秦师》主要描述了周襄王二十四年，秦国军队攻打郑国的时候，王孙满对这场战争结果的预测。王孙满观察入微，而且因为熟读圣贤书，能够见微知著。这个故事就是“满招损”的实例，提醒人要时时反思自己的一言一行、一举一动是谦虚还是骄满，带给自己的是吉还是凶、是福还是祸。

思考寄语

古人特别重视谦虚美德的培养，并认为这是自然而然的事情，是君子的本分。《尚书》中讲：“惟德动天，无远弗届。满招损，谦受益，时乃天道。”所谓“天道”，指的实际上是天地之间世间万物的自然规律。选文骄兵必败的故事就诠释了“满招损，谦受益”的古代智慧。月满则亏，月亏则满，这是大自然的规律。古人由此悟出，过分的要受到制裁，而不足的要受到补益，这就是老子所说的“损有余而补不足”的规律。所以智者都教导人要谦卑退让、舍财不贪。

9 诗经·小雅·鹿鸣

诵读主体

呦呦鹿鸣，食野之苹。我有嘉宾，鼓瑟吹笙。吹笙鼓簧，承筐是将。人之好我，示我周行。

呦呦鹿鸣，食野之蒿。我有嘉宾，德音孔昭。视民不恌，君子是则是效。我有旨酒，嘉宾式燕以敖。

呦呦鹿鸣，食野之芩。我有嘉宾，鼓瑟鼓琴。鼓瑟鼓琴，和乐且湛。我有旨酒，以燕乐嘉宾之心。

知人论世

本诗出自《诗经》。

《诗经》是中国第一部诗歌总集，原有311篇，现存305篇，《诗经》在先秦时期称为《诗》，或取其整数称《诗三百》。它收集了从西周到春秋约500年的诗歌，在内容上分为《风》《雅》《颂》三个部分，《风》是周代各地的歌谣；《雅》是周人的正声雅乐，又分《小雅》和《大雅》；《颂》是周王庭和贵族宗庙祭祀的乐歌，又分为《周颂》、《鲁颂》和《商颂》。它全面再现了当时广阔的社会生活，真实反映了中国奴隶社会从兴盛到衰败时期的历史风貌。

一方面，它是“五经”之一，担任着“经夫妇，成孝敬，厚人伦，美教化，移风俗”的重任，是儒家的重要经典。另一方面，它又是中国古典文学的发端，在审美追求、抒情方式、句式特点等方面为中国的诗歌奠定了基础，是中国古典文学的源头。

《诗经》的作者佚名，绝大部分已经无法考证，传为尹吉甫采集、孔子编订。西汉时被尊为儒家经典，始称《诗经》，并沿用至今。孔子曾概括《诗经》宗旨为“无邪”，并教育弟子读《诗经》以作为立言、立行的标准。先秦诸子中，引用《诗经》者颇多，如孟子、荀子、墨子、庄子、韩非子等人在说理论证时，多引述《诗经》中的句子以增强说服力。至汉武帝时，《诗经》被儒家奉为经典，成为“六经”及“五经”之一。

《诗经》内容丰富，反映了劳动与爱情、战争与徭役、压迫与反抗、风俗与婚姻、祭祖与宴会，甚至天象、地貌、动物、植物等方方面面，是周代社会生活的一面镜子。

阅读鉴赏

一群鹿儿呦呦欢鸣，在那原野悠然自得地啃食艾蒿。一旦四方贤才光临舍下，我将奏瑟吹笙宴请宾客。一吹笙管振簧片，捧筐献礼礼周到。人们待我真友善，指示大道乐遵照。

一群鹿儿呦呦欢鸣，在那原野悠然自得地啃食蒿草。一旦四方贤才光临舍下，我将品德高尚又显耀。示人榜样不轻浮，君子贤人纷纷来仿效。我有美酒香而醇，宴请嘉宾嬉娱任逍遥。

一群鹿儿呦呦欢鸣，在那原野悠然自得地啃食芩草。一旦四方贤才光临舍下，我将弹瑟弹琴奏乐调。弹瑟奏琴勤相邀，融洽欢欣乐尽兴。我有美酒香而醇，宴请嘉宾心中乐陶陶。

呦呦叫的小鹿们在野地里一边吃艾蒿，一边相互呼应。人们也在一片琴瑟鼓笙中，一边宴饮，一边招呼嘉宾。这是《鹿鸣》给我们展现出来的一片热闹却典雅中和的气象。《鹿鸣》作为一首经典的宴饮诗篇，颂扬礼乐精神，但是并不在意对具体纲纪的强调，摆脱了对维系一个王朝政治各项法则的陈说，回归到了宴饮本身应有的安详和快乐。而这种安详和快乐，正是由宗族的团结支持，必要的武力支撑，和每一个参与者的品德支持形成的。宴会上的琴瑟和鸣，营造出一种热烈和睦的气氛，烘托出参与宴饮的主宾都是高尚文雅之人，着意对一种生活境界的歌唱，而这种超越的生活境界就是礼乐和谐，是人们世世代代不断追求的理想。

《小雅·鹿鸣》是《诗经》的“四始”诗之一，是古人在宴会上所唱的歌。宴饮是一种仪式。无论是交往、酬谢、庆贺，还是喜事、丧事，纯粹满足我们生理需求的吃喝已不十分重要，而突出的是这种特定形式所表达的意义。人的饮食与动物的饮食之所以不同，就在于它已不单是为了延续肉体生命的必需。从古到今，宴饮在中国从来都同文化有着密切的联系，人们赋予它特定的内涵，用它表达某种意义。

如果说祭祀是以庄重的方式进行的仪式，那么宴饮则是以轻松的方式进行的仪式。人们在觥筹交错、大快朵颐、笙歌乐舞之中，制造出一种轻松快乐的气氛，来满足精神上的需求。人们借饮酒吃肉这一机会，突破平时的社会规范的约束，暂时打破人与人之间的隔阂，放松平日里紧张的情绪，让受到压抑的精神和肉体得到解放。这就是人们聚会通常选择聚餐作为更进一步的沟通途径的一个重要原因。在这个过程中，宴饮便达到了人自身精神与生理的和谐、人与人之间的和谐的理想。

思考寄语

通过以上的品读，《诗经·小雅·鹿鸣》所体现的和谐和理想之道对我们现代社会生活仍然有很大的启示。正如美国人赫伯特所指出的那样，“精神不再是一种受到利益影响的外在存在；恰恰是在礼仪之中，精神得以生动表现并获得它最大的灵性”。我觉得，这也能在对《诗经·小雅·鹿鸣》的解读中，理解这首宴饮诗歌的精髓。

10 贞观政要（节选）

诵读主体

贞观三年，太子少师李纲有脚疾，不堪践履。太宗赐步舆，令三卫举入东宫，诏皇太子引上殿，亲拜之，大见崇重。纲为太子陈君臣父子之道，问寝视膳之方，理顺辞直，听者忘倦。太子尝商略古来君臣名教，竭忠尽节之事，纲懔然曰："托六尺之孤，寄百里之命，古人以为难，纲以为易。"每吐论发言，皆辞色慷慨，有不可夺之志，太子未尝不耸然礼敬。

贞观十七年，太宗谓司徒长孙无忌、司空房玄龄曰："三师以德道人者也。若师体卑，太子无所取则。"于是诏令撰太子接三师仪注。太子出殿门迎，先拜三师，三师答拜，每门让三师。三师坐，太子乃坐。与三师书，前名惶恐，后名惶恐再拜。

知人论世

《贞观政要》是唐代史学家吴兢所著的一部政论性史书。全书十卷四十篇，分类编辑了唐太宗在位期间，与魏徵、房玄龄、杜如晦等大臣在治政时遇到的问题，大臣们的争议、劝谏、奏议等，以规范君臣思想道德和军政思想，此外也记载了一些政治、经济上的重大措施。该书和《旧唐书》《新唐书》《资治通鉴》等有关贞观政事的记载相比，较为详细，为研究唐初政治和李世民、魏徵等人的政治思想提供了重要资料。

吴兢（670—749），字号不详，汴州浚仪（今河南开封）人。唐朝著名史学家。为人耿直，犯颜直谏，颇有建树。

阅读鉴赏

贞观三年，太子少师李纲患有脚痛的疾病，不能穿鞋走路。于是唐太宗赏赐给他一辆代行的“车子”，并命令侍卫抬他进入东宫，还下诏命令皇太子亲自迎接他上殿，亲自行礼作揖，以示对他的敬重。李纲为太子讲述君臣父子之间的礼仪，还有日常饮食起居方面的礼节，道理明畅，言语直白，让听者不知疲倦。太子曾经与李纲商讨自古以来君臣之间的伦理纲常，以及效忠尽节之事，李纲正气凛然地说：“受托于先王，身负辅佐储君的使命，古人认为这件事十分困难，臣却以为十分容易。”每当论起此事，李纲一脸正气，言语激昂，透露出一种刚正坚定的志向，太子每次都为之肃然起敬。

贞观十七年，唐太宗对司徒长孙无忌、司空房玄龄说：“三师是以德行来教导太子的人。如果三师的身份卑下，太子就没有学习的榜样。”于是下诏，让人编撰太子接待三师的礼仪制度：太子要走出殿门迎接师父，先礼拜三师，然后三师答拜，每当过门时要让三师在前。三师坐下后，太子才能坐。写给三师的书信，前边称“惶恐”，后边再写上“惶恐再拜”。

太子与诸王地位高贵，尽享荣华，一旦教育不当，很容易在继位后让国家走向灭亡的道路。太宗十分重视对太子与诸王的教育，任用正直忠信的大臣担任太子与诸王的师父，并要求他们像尊敬自己一样尊敬师父，太宗希望太子与诸王能谨慎自持。

选段一主要讲述了唐太宗是如何礼遇太子少师的，不仅在太子少师患有脚疾的时候专门让人用小车接送，还要求太子对老师恭敬有加。唐太宗身为一国之君，仍然对子女的老师如此恭敬有礼，身体力行地为我们展现了尊师重教的优良传统。而从文中我们也可以看出，这位太子少师为太子传授君臣父子之间的礼仪，还有日常饮食起居方面的礼节，本身也是颇懂礼法礼制的。

选段二主要讲的是唐太宗让人编撰太子接待三师的礼仪制度。唐太宗对教育的重视程度和对老师的尊敬态度值得今天的我们好好反思与学习。

思考寄语

尊师重教一直是我们国家的优良传统，从古至今，概莫能外。古文中，如《师说》《汉明帝尊师》《程门立雪》等文章典故，无一不说明了老师的重要地位和求学问教的重要意义。韩愈《师说》：“师者，所以传道受业解惑也。”老师，是靠他来传授道理、教授学业、解答疑惑的。人不是生下来就懂得知识和道理，谁能没有疑惑呢？有了疑难问题就要从师而问，所以几乎每一个人都有从师学习的经历。老师呕心沥血，作为学生，我们应该理解和尊重老师的付出，把尊师重教的优良传统发扬光大，使之成为一种高尚的社会风气。

11 孟子休妻

诵读主体

孟子妻独居，踞，孟子入户视之，白其母曰："妇无礼，请去之。"母曰："何？"曰："踞。"其母曰："何知之？"孟子曰："我亲见之。"

母曰："乃汝无礼也，非妇无礼。《礼》不云乎？'将入门，问孰存。将上堂，声必扬。将入户，视必下。'不掩人不备也。今汝往燕私之处，入户不有声，令人踞而视之，是汝之无礼也，非妇无礼也。"于是孟子自责，不敢言妇归。

知人论世

本篇选自《韩诗外传》。

作者韩婴，西汉燕（今属河北）人。文帝时为博士，景帝时至常山王刘舜太傅。《韩诗外传》是一部由360条逸事、道德说教、伦理规范以及实际忠告等不同内容组成的杂编，一般每条都以一句恰当的《诗经》引文作结论，以支持政事或论辩中的观点，就其书与《诗经》联系的程度而论，它对《诗经》既不是注释，也不是阐发。《韩诗外传》是实际运用《诗经》的示范性著作。

《韩诗外传》的思想，大致以荀子思想为主，反复强调隆礼重法、尊士养民，也间采孟子及韩非有关言论。全书取《荀子》文多达44条，因而从宋代王应麟至清代汪中、严可均等学者都认为《韩诗外传》出于荀子，是“荀卿子之别子”（汪中《述学·荀卿子通论》）。而书中引《荀子·非十二子》文，则删除了子思、孟子，也可见其不薄孟子，有所折中。

阅读鉴赏

孟子的妻子在屋里休息，两腿叉开坐着。孟子进屋看见她这个样子，告诉他母亲说：“我妻子没有礼貌，请把她休了。”孟母说：“这是为什么呢？”孟子说：“她两腿叉开坐着。”孟母说：“你怎么知道她这样呢？”孟子说：“我亲眼看见的。”

孟母说：“是你没礼貌，不是她没礼貌。《礼》不是说，‘要入门时，先要问谁在里面；要上堂时，一定要高声说话；要进屋时，眼睛应该往下看。’这样可以使人在没有防备时，不至于措手不及。现在你到她闲居休息的地方去，进屋前也不说一声，使她这样坐着让你看见了，这是你没有礼貌，不是你妻子没有礼貌。”于是孟子感到很惭愧，不敢再说休妻的事了。

我国古代非常讲究礼仪。坐有坐相，站有站相。古人唯一正规的坐姿是跪坐，是对对方表示尊重的坐姿，也叫正坐。姿势就是席地而坐，臀部放于脚踝，上身挺直，双手规矩地放于膝上，身体气质端庄，目不斜视。有时为了表达说话的郑重，臀部离开脚跟，叫长跪，也叫起。孟子休妻，是在礼仪文化学习中常被提及的一个案例。

思考寄语

我们可以看到，古人在进门的时候是有很多讲究的，这样才能很好地尊重别人，不至于让人没有防备，引起尴尬。孟母教子，循循善诱；孟子受教，知错就改；与人相处，要严于律己，礼貌待人。在我们的日常生活中，这些何尝不是很重要的呢？

12 岳阳楼记

诵读主体

庆历四年春，滕子京谪守巴陵郡。越明年，政通人和，百废具兴，乃重修岳阳楼，增其旧制，刻唐贤今人诗赋于其上，属予作文以记之。

予观夫巴陵胜状，在洞庭一湖。衔远山，吞长江，浩浩汤汤，横无际涯；朝晖夕阴，气象万千，此则岳阳楼之大观也，前人之述备矣。然则北通巫峡，南极潇湘，迁客骚人，多会于此，览物之情，得无异乎？

若夫淫雨霏霏，连月不开，阴风怒号，浊浪排空；日星隐曜，山岳潜形；商旅不行，樯倾楫摧；薄暮冥冥，虎啸猿啼。登斯楼也，则有去国怀乡，忧谗畏讥，满目萧然，感极而悲者矣。

至若春和景明，波澜不惊，上下天光，一碧万顷；沙鸥翔集，锦鳞游泳；岸芷汀兰，郁郁青青。而或长烟一空，皓月千里，浮光跃金，静影沉璧，渔歌互答，此乐何极！登斯楼也，则有心旷神怡，宠辱偕忘，把酒临风，其喜洋洋者矣。

嗟夫！予尝求古仁人之心，或异二者之为，何哉？不以物喜，不以己悲。居庙堂之高则忧其民，处江湖之远则忧其君。是进亦忧，退亦忧。然则何时而乐耶？其必曰“先天下之忧而忧，后天下之乐而乐”乎。噫！微斯人，吾谁与归？

时六年九月十五日。

知人论世

范仲淹（989—1052），字希文。祖籍邠州，后移居苏州吴县。北宋时期著名政治家、军事家、文学家、教育家。范仲淹幼年丧父，母亲改嫁长山朱氏，遂更名朱说。大中祥符八年（1015），范仲淹苦读及第，授广德军司理参军。后历任兴化县令、秘阁校理、陈州通判、苏州知州等职，因秉公直言而屡遭贬斥。皇祐四年（1052），改知颍州，在扶疾上任的途中逝世，年六十四。累赠太师、中书令兼尚书令、魏国公，谥号“文正”，世称范文正公。范仲淹文武兼备，政绩卓著，文学成就突出。他倡导的“先天下之忧而忧，后天下之乐而乐”思想和仁人志士节操，对后世影响深远。有《范文正公文集》传世。

阅读鉴赏

庆历四年的春天，滕子京被降职到巴陵郡做太守。到了第二年，政事顺利，百姓和乐，各种荒废的事业都兴办起来了。于是重新修建岳阳楼，扩大它原有的规模，把唐代名家和当代人的诗赋刻在它上面，嘱托我写一篇文章来记述这件事情。

我观看那巴陵郡的美好景色，全在洞庭湖上。它连接着远处的山，吞吐长江的水流，浩浩荡荡，无边无际，一天里阴晴多变，气象千变万化。这就是岳阳楼的壮丽景象。前人的记述已经很详尽了。虽然如此，那么向北面通到巫峡，向南面直到潇水和湘水，降职的官吏和来往的诗人，大多在这里聚会，他们观赏自然景物而触发的感情大概会有所不同吧？

像那阴雨连绵，接连几个月不放晴，寒风怒吼，浑浊的浪冲向天空；太阳和星星隐藏起光辉，山岳隐没了形体；商人和旅客不能通行，船桅倒下，船桨折断；傍晚天色昏暗，虎在长啸，猿在悲啼。这时登上这座楼啊，就会有一种离开国都、怀念家乡，担心人家说坏话、惧怕人家批评指责，满眼都是萧条的景象，感慨到了极点而悲伤的心情。

到了春风和煦，阳光明媚的时候，湖面平静，没有惊涛骇浪，天色湖光相连，一片碧绿，广阔无际；沙洲上的鸥鸟，时而飞翔，时而停歇，美丽的鱼游来游去，岸上与小洲上的花草，青翠欲滴。有时大片烟雾完全消散，皎洁的月光一泻千里，波动的光闪着金色，静静的月影像沉入水中的玉璧，渔夫的歌声在你唱我和地响起来，这种乐趣真是无穷无尽啊！这时登上这座楼，就会感到心胸开阔、心情愉快，光荣和屈辱一并忘了，端着酒杯，吹着微风，那真是快乐高兴极了。

唉！我曾经探求古时品德高尚的人的思想感情，或许不同于以上两种人的心情，这是为什么呢？是由于不因外物好坏和自己得失而或喜或悲。在朝廷里做高官就应当心系百姓；处在僻远的江湖间也不能忘记关注国家安危。这样说来，在朝廷做官也担忧，在僻远的江湖也担忧。既然这样，那么他们什么时候才会感到快乐呢？大概一定会说：“在天下人忧之前先忧，在天下人乐之后才乐。”唉！如果没有这种人，我同谁一道呢？

写于庆历六年九月十五日。

选文是作者应好友巴陵郡太守滕子京之请为重修岳阳楼而创作的一篇散文。这篇文章通过写岳阳楼的景色，以及阴雨和晴朗时带给人的不同感受，揭示了“不以物喜，不以己悲”的古仁人之心，也表达了自己“先天下之忧而忧，后天下之乐而乐”的爱国爱民情怀。

文章超越了单纯写山水楼观的狭境，将自然界的晦明变化、风雨阴晴和“迁客骚人”的“览物之情”结合起来写，将全文的重心放到了纵议政治理想方面，扩大了文章的境界。全文记叙、写景、抒情、议论融为一体，动静相生，明暗相衬，文辞简约，音节和谐，用排偶章法作景物对比，成为杂记中的创新。

思考寄语

范仲淹从小就有志于天下，常自诵曰：“士当先天下之忧而忧，后天下之乐而乐也。”可见《岳阳楼记》末尾所说的“先天下之忧而忧，后天下之乐而乐”，是范仲淹一生行为的准则。孟子说：“穷则独善其身，达则兼善天下。”范仲淹写这篇文章的时候正贬官在外，“处江湖之远”，本来可以采取独善其身的态度，落得清闲快乐，但他提出正直的士大夫应秉持立身行一的准则，认为个人的荣辱升迁应置之度外，“不以物喜，不以己悲”，要“先天下之忧而忧，后天下之乐而乐”，勉励自己和朋友，这是难能可贵的。这两句话所体现的精神，是那种吃苦在前、享乐在后的品质，于我们青少年无疑仍有教育意义。

13 礼记·学记（节选）

诵读主体

玉不琢，不成器；人不学，不知道。是故古之王者建国君民，教学为先。《兑命》曰："念终始典于学。"其此之谓乎！

凡学之道，严师为难。师严然后道尊，道尊然后民知敬学。是故君之所不臣于其臣者二，当其为尸则弗臣也，当其为师则弗臣也。大学之礼，虽诏于天子，无北面，所以尊师也。

知人论世

《学记》是我国古代儒家经典著作《礼记》中的一篇，是世界教育史上第一篇系统论述教育的经典文献，具有极重要的地位。《学记》系统地论述了学习和教育的目的、教学的重要性、教育和学习的方法论等。它指出了教育的目的是"化民成俗"，突出了教育对社会的重要意义，这些思想在中国古代的教育史上起到了巨大的作用。

阅读鉴赏

玉不雕琢，就不会成为器物；人不学习，就不会明白道理。因此古代君王建立国家，治理民众，都把兴办教育放在优先地位。《尚书·说命》中说："自始自终想着学习。"大概说的就是这个道理吧！

一般学习的规矩，最难做到的是崇敬老师。老师受到崇敬，然后知识、义理才受到尊重；知识、义理受到尊重，然后人民才知道严肃对待学习。所以君主不以对待臣子的态度来对待臣子的情况有两种：一种是请臣子在祭祀中充当被祭神灵的时候，不把他当臣子对待；另一种是臣子做老师的时候，也不把他当臣子对待。大学之礼规定，天子前来视学，老师即使对天子讲授，也不面朝北的陈说。这项礼规就是用以尊重老师的。

选段讲述了古人对学习的理解，古代君王建立国家，治理人民，总以教学为首务。《尚书·兑命》中说："自始自终想着学习。"

古人对老师的评价高，所以即使是皇帝对自己的老师也要"无北面"。阐述了尊师重道的思想。

全文言简意赅、生动形象、思想精深博大，从某种程度上说，《学记》道尽了教育和学习的三昧。

思考寄语

古人对学无止境的认识很透彻，知道"学然后知不足"，发奋地学习才知道自己有那么多不知道的东西。何者为师何者为学，为师为学者之根本不在于记问，不在于强记，会背几本书不算什么，更重要在于扎根生活，扎根实践。

14 陈情表（节选）

诵读主体

臣密言：臣以险衅，夙遭闵凶。生孩六月，慈父见背。行年四岁，舅夺母志。祖母刘，愍臣孤弱，躬亲抚养。臣少多疾病，九岁不行，零丁孤苦，至于成立。既无叔伯，终鲜兄弟。门衰祚薄，晚有儿息。外无期功强近之亲，内无应门五尺之童，茕茕孑立，形影相吊。而刘夙婴疾病，常在床蓐，臣侍汤药，未尝废离。

知人论世

李密（224—287），字令伯，西晋犍为武阳（今四川彭山）人。晋初散文家。幼年丧父，母何氏改嫁，由祖母抚养成人。后李密以对祖母孝敬甚笃而名扬乡里。博览五经，尤精《春秋左传》，初仕蜀汉为尚书郎。蜀汉亡，晋武帝召为太子洗马，李密以祖母年老多病、无人供养而力辞。祖母去世后，方出任太子洗马，迁汉中太守。后免官，卒于家中。著有《述理论》十篇，不传于世。

阅读鉴赏

臣子李密陈言：我因命运不好，很早就遭遇了不幸，刚出生六个月，我慈爱的父亲就去世了。经过了四年，舅父逼母亲改嫁。我的祖母刘氏，怜悯我从小丧父，便亲自对我加以抚养。臣小的时候经常生病，九岁时还不会行走。孤独无靠，一直到成人自立。既没有叔叔伯伯，又没什么兄弟，门庭衰微而福分浅薄，很晚才有儿子。在外面没有比较亲近的亲戚，在家里又没有照应门户的童仆。生活孤单没有依靠，每天只有自己的身体和影子相互安慰。但祖母又早被疾病缠绕，常年卧床不起，我侍奉她吃饭喝药，从来就没有停止而离开过她。

晋武帝下诏征召李密入朝为官，李密上《陈情表》陈述自己尽忠与尽孝的两难境地。文章叙述祖母抚育自己的大恩，以及自己应该报养祖母的大义；感谢了朝廷的知遇之恩，提出先尽孝后尽忠的想法，可谓情真意切，哀婉动人。该文被认定为中国文学史上抒情文的代表作之一，有“读李密《陈情表》不流泪者不孝”的说法。

选文写了李密小时候的遭遇，可以概括为三大不幸。“生孩六月，慈父见背”，小孩出世主要依靠父母抚养，但是父亲早亡，是一大不幸。“行年四岁，舅夺母志”，四岁时，母亲又被迫改嫁，这是二大不幸！“少多疾病，九岁不行”，年少多病，不能行走，这是三大不幸。在这样的不幸之下，作者唯一依靠的人就是他的祖母，她抚养他成人，让他有所作为。如今祖母已经九十六岁，能够依靠的也只有作者了，怎么能忍心离开她去上任呢？这样一对相依为命的祖孙，谁又忍心让他们骨肉分离呢？最终晋武帝为其孝心所感，赐了两个奴婢给李密，让他为祖母养老送终。

思考寄语

人，应常怀感恩之心，李密为报祖母养育之恩，拒绝了朝廷的征召。我们生活在这个世上，得到了亲人的养育、师长的爱护、朋友的帮助……我们要把这些铭记于心，等到我们有能力的那一天，一定要回报他们。

15 怎样才算一个好的时代（节选）

诵读主体

一死囚在临刑前哭喊着说对不起家人，因为他参与了一桩灭门杀人案；一人在医院偷患者钱包，因母亲病重急需钱；一官员贪污几千万元，为了让深爱的女人锦衣玉食；一父亲为了女儿上大学，设局顶替了别人家的女儿；一老板拖欠农民工的血汗钱，称别人欠自己的也没还；一妇女从产房里将婴儿偷走，理由是太喜欢孩子却不能生育……

一个坏的时代，在人性、伦理、规则、逻辑上，默认或怂恿如下做法——

宠爱自己的孩子却漠视别人的孩子，孝敬自己的父母却欺凌别人的父母，善待自己的兄弟却盘剥别人的兄弟，荫护自己的眷属却虐待别人的眷属，爱惜自己的姐妹却侮辱别人的姐妹，扩充自己的钱包却压榨别人的钱包，造福自己的家乡却掠夺别人的家乡……

天使与魔鬼，两种人格，两个身份，两套本能。

而这，每天都发生在贪官、恶奴、街霸、骗子、奸商、盗贼身上。偶尔，也会若无其事地发生在普通人身上。

一个好的时代，应最大限度地消解以上的荒谬和悖论。

一个好的时代，会让天下孩子都受到呵护、所有父母都得到孝敬，会以政府的担当替代百姓的焦虑，会以政府的信用激励民间的诚实，会以完善的制度保障游戏的公正、分配的合理、权力的谦卑，会让富人摘掉骄横并学会仁爱，会让弱者得到帮助却不失尊严，会让每个做梦的人都有光明之感，会让美德和纯真不被嘲笑与辜负，会让命运不亏待那些劳苦，会像麦田那样承诺耕耘与收成、汗水和果实成正比……

一个好的时代，个人的幸福不以别人的痛苦为肥料，个人的满足不以别人的忧愁为成本，个人的衣冠楚楚不以别人的衣衫褴褛为背景……甚至，人类“以人为本”的时候不再虐待别的物种，壮大人间的时候不再奴役大自然。

一个好的时代，空气中的最大成分是氧和爱，大街上最流行的风景是笑容、问候、礼让、牵手、携扶，而非怨恨、牢骚、争抢和骂骂咧咧。

一个好的时代，应尽快到来，尽快变成共识和承诺，变成效率和实践，应只争朝夕地去呼唤，夜以继日地去兑现。

一个好的时代，不需要世人去感激，只期待爱与批评。

知人论世

作者王开岭，1969年生，山东滕州人。现居北京。作家、媒体人。曲阜师范大学政治系87级毕业。大学期间开始在《人民文学》发表诗歌作品。历任央视《社会记录》《24小时》《看见》等栏目指导和主编。著有散文和思想随笔集《精神明亮的人》《古典之殇》《跟随勇敢的心》《精神自治》《激动的舌头》《王开岭作品·中学生典藏版》等十余部，入录国内外数百种优秀作品选。其作品因“清洁的思想、诗性的文字、纯美的灵魂”而在中学校园拥有广泛影响，入录苏教版高中语文课本、《新语文课本》和各类中高考语文试题，被誉为中国校园的“精神启蒙书”和“美文鉴赏书”。

阅读鉴赏

王开岭，一个具备理性思考的作家，在思想界，他被誉为新生代的旗帜人物；在文学界，他被誉为优美灵魂的书写者。他语言的锐度和深度，让我们阅读时充满激动、感动和触动。本文作者以“怎样才是一个好的时代”为题，引发读者思考：我们今天的时代是不是一个好的时代？如果从社会稳定、经济发展、人民生活等角度来看，这一时代的确算是一个好的时代。然而王开岭认为一个好的时代不只需要这些物质方面的东西，更需要精神方面的同步前进，需要人的良知、真善美的灵魂。

在经济飞速发展的今天，我们应关注发展背后的弊病，一个好的时代，任何虚张声势的假象都不应该被习以为常，你来我往的交流也不应该呈现公式般的精准和刻意。在那个发光的屏幕前，我们大快朵颐时代的快餐，面对现实，我们却怅惘着无可厚非的疏离。一个好的时代，从来不是一方面进步，另一方面衰落。

《礼记》中的“天下为公”，孔夫子口中的“道之以德，齐之以礼”，无不彰显人性的重要性。但在今天，贪婪、欺骗、怨恨、欺凌、冷漠等事件还时有发生，精神建设还任重道远。

在好的时代里，世界是明澈的，空气中最大的成分是氧气和爱。

思考寄语

人无精神则不立，国无精神则不强。一个民族的复兴需要强大的物质力量，也需要强大的精神力量。为此国家提出了24字“社会主义核心价值观”，它是被一个共同体集体所认同的价值观念，是凝聚一个族群的精神纽带。我们每一个人都应把它作为行为准则。

16 林黛玉进贾府（节选）

诵读主体

原来王夫人时常居坐宴息，亦不在这正室，只在这正室东边的三间耳房内。于是老嬷嬷引黛玉进东房门来。临窗大炕上铺着猩红洋罽（jì），正面设着大红金钱蟒靠背，石青金钱蟒引枕，秋香色金钱蟒大条褥。两边设一对梅花式洋漆小几。左边几上文王鼎匙箸香盒；右边几上汝窑美人觚（gū）——觚内插着时鲜花卉，并茗碗痰盒等物。地下面西一溜四张椅上，都搭着银红撒花椅搭，底下四副脚踏。椅之两边，也有一对高几，几上茗碗瓶花俱备。其余陈设，自不必细说。老嬷嬷们让黛玉炕上坐，炕沿上却有两个锦褥对设，黛玉度其位次，便不上炕，只向东边椅子上坐了。本房内的丫鬟忙捧上茶来。黛玉一面吃茶，一面打谅这些丫鬟们，妆饰衣裙，举止行动，果亦与别家不同。

茶未吃了，只见一个穿红绫袄青缎掐牙背心的丫鬟走来笑说道：“太太说，请林姑娘到那边坐罢。”老嬷嬷听了，于是又引黛玉出来，到了东廊三间小正房内。正房炕上横设一张炕桌，桌上磊着书籍茶具，靠东壁面西设着半旧的青缎靠背引枕。王夫人却坐在西边下首，亦是半旧的青缎靠背坐褥。见黛玉来了，便往东让。黛玉心中料定这是贾政之位。因见挨炕一溜三张椅子上，也搭着半旧的弹墨椅袱，黛玉便向椅上坐了。王夫人再四携他上炕，他方挨王夫人坐了。王夫人因说："你舅舅今日斋戒去了，再见罢。只是有一句话嘱咐你：你三个姊妹倒都极好，以后一处念书认字学针线，或是偶一顽笑，都有尽让的。但我不放心的最是一件：我有一个孽根祸胎，是家里的'混世魔王'，今日因庙里还愿去了，尚未回来，晚间你看见便知了。你只以后不要睬他，你这些姊妹都不敢沾惹他的。"

黛玉一一的都答应着。只见一个丫鬟来回："老太太那里传晚饭了。"王夫人忙携黛玉从后房门由后廊往西，出了角门，是一条南北宽夹道。南边是倒座三间小小的抱厦厅，北边立着一个粉油大影壁，后有一半大门，小小一所房室。王夫人笑指向黛玉道："这是你凤姐姐的屋子，回来你好往这里找他来，少什么东西，你只管和他说就是了。"这院门上也有四五个才总角的小厮，都垂手侍立。王夫人遂携黛玉穿过一个东西穿堂，便是贾母的后院了。于是，进入后房门，已有多人在此伺候，见王夫人来了，方安设桌椅。贾珠之妻李氏捧饭，熙凤安箸，王夫人进羹。贾母正面榻上独坐，两边四张空椅，熙凤忙拉了黛玉在左边第一张椅上坐了，黛玉十分推让。贾母笑道："你舅母你嫂子们不在这里吃饭。你是客，原应如此坐的。"黛玉方告了座，坐了。贾母命王夫人坐了。迎春姊妹三个告了座方上来。迎春便坐右手第一，探春左第二，惜春右第二。旁边丫鬟执着拂尘、漱盂、巾帕。李、凤二人立于案旁布让。外间伺候之媳妇丫鬟虽多，却连一声咳嗽不闻。寂然饭毕，各有丫鬟用小茶盘捧上茶来。当日林如海教女以惜福养身，云饭后务待饭粒咽尽，过一时再吃茶，方不伤脾胃。今黛玉见了这里许多事情不合家中之式，不得不随的，少不得一一改过来，因而接了茶。早见人又捧过漱盂来，黛玉也照样漱了口。盥手毕，又捧上茶来，这方是吃的茶。贾母便说："你们去罢，让我们自在说话儿。"王夫人听了，忙起身，又说了两句闲话，方引凤、李二人去了。贾母因问黛玉念何书。黛玉道："只刚念了《四书》。"黛玉又问姊妹们读何书。贾母道："读的是什么书，不过是认得两个字，不是睁眼的瞎子罢了！"

知人论世

曹雪芹（约1715—约1763），名霑，字梦阮，号雪芹，又号芹溪、芹圃，中国古典名著《红楼梦》的作者，祖籍存在争议（辽宁辽阳、河北丰润或辽宁铁岭），出生于江宁（今南京）。曹雪芹出身清代内务府正白旗包衣世家，他是江宁织造曹寅之孙，曹颙之子（一说曹頫之子）。

曹雪芹早年在南京江宁织造府亲历了一段锦衣纨绔、富贵风流的生活。曾祖父曹玺任江宁织造；曾祖母孙氏做过康熙帝的保姆；祖父曹寅做过康熙帝的伴读和御前侍卫，后任江宁织造，兼任两淮巡盐监察御使，极受康熙宠信。雍正六年（1728），曹家因亏空获罪被抄家，曹雪芹随家人迁回北京老宅。后又移居北京西郊，靠卖字画和朋友救济为生。曹家从此一蹶不振，日渐衰微。

经历了生活中的重大转折，曹雪芹深感世态炎凉，对封建社会有了更清醒、更深刻的认识。他蔑视权贵，远离官场，过着一贫如洗的艰难日子。曹雪芹素性放达，爱好广泛，对金石、诗书、绘画、园林、中医、织补、工艺、饮食等均有所研究。他以坚韧不拔的毅力，历经多年艰辛，终于创作出极具思想性、艺术性的伟大作品——《红楼梦》。曹雪芹移居北京西郊后，生活更加穷苦，“满径蓬蒿”，“举家食粥酒常赊”。

《红楼梦》一书所反映的是清代康熙、雍正、乾隆时代的社会生活画面，是以曹雪芹自己和亲戚家庭的败落为创作素材的，因此带有一定的回忆性质；但他创作的《红楼梦》是小说而不是自传，不能把《红楼梦》作为曹雪芹的自传看待。

阅读鉴赏

《红楼梦》是我国古典小说中不朽的著作，是悠久灿烂的中华文化的杰出代表。自其诞生以来，《红楼梦》就被学者广泛研究，研究内容五花八门，研究成果数不胜数。《林黛玉进贾府》写的是林黛玉在母亲去世以后第一次来到贾府，通过林黛玉的言行举止，体现出林黛玉彬彬有礼的风度和良好的个人素质。

林黛玉行为有“礼”。如文中几处黛玉对座次的选择，足见她深谙礼仪之道。（1）老嬷嬷们让黛玉炕上坐，炕沿上却有两个锦褥对设，黛玉度其位次，便不上炕，只向东边椅子上坐了。（2）王夫人却坐在西边下首，亦是半旧的青缎靠背坐褥。见黛玉来了，便往东让。为什么黛玉和王夫人都选择了东边呢？这就涉及了古代关于室内方位尊卑的礼仪。古代“室”大多东西长，南北窄，所以坐西朝东为至尊，坐北朝南次之，坐南朝北再次，坐东朝西最下。这里的活动是在室内进行，所以黛玉向东边椅子上坐，是因为坐东朝西为最卑的座位。王夫人作为主人往东让，把坐西朝东的位置让给客人林黛玉。可见主客二人都是谦虚有礼之人。

我们再来看用餐这段文字，贾母正面榻上独坐，两边四张空椅，熙凤忙拉了黛玉在左边第一张椅上坐了，黛玉十分推让。王熙凤为什么拉黛玉坐在贾母的左边呢？这体现了古代“左尊右卑”的礼仪。所以我们常说的“男左女右”就是古代

"男尊女卑"思想的体现。

林黛玉语言讲"礼"文章开头写道林黛玉在贾府的行事原则是"步步留心，时时在意不肯轻易多说一句话，多行一步路"。从全文来看，黛玉路是走得不少，但话确实是很少说的。文中黛玉只开了7次口。但就从这寥寥数语中，我们可以看到黛玉的话是句句在"礼"。比如：黛玉关于读书的回答。贾母因问黛玉念何书。黛玉道："只刚念了《四书》。"黛玉又问姊妹们读何书。贾母道："读的是什么书，不过是认得两个字，不是睁眼的瞎子罢了！"而在后文中宝玉问黛玉可曾读书时，黛玉道："不曾读，只上了一年学，些须认得几个字。"对贾母和贾宝玉的相同问题却是不同回答，为什么？黛玉对贾母如实回答，却发现贾母对她的提问，回答得比较谦虚。故而当宝玉再问时就改为更谦逊的回答。这足见黛玉的说话谦逊有礼、聪颖机敏。

思考寄语

中国素称礼仪之邦。孔子云："不学礼，无以立。"然而如今在国际上却对于中国人的素质颇有微词，这与实现中华民族伟大复兴的中国梦是格格不入的。"千百年来，以仁、义、礼、智、信为代表的传统价值观始终是中华文化持续发展的强大内在动力，这种独特的中国智慧始终为中华文明摆脱困境并实现持续发展提供前进的方向和动力。"所以国人只有"学礼""明礼""行礼"，才能实现伟大的中国梦。

17 忆昔（节选）

诵读主体

忆昔开元全盛日，小邑犹藏万家室。稻米流脂粟米白，公私仓廪俱丰实。
九州道路无豺虎，远行不劳吉日出。齐纨鲁缟车班班，男耕女桑不相失。
宫中圣人奏云门，天下朋友皆胶漆。百余年间未灾变，叔孙礼乐萧何律。

知人论世

杜甫（712—770），字子美，自号少陵野老，世称“杜工部”“杜少陵”等，河南府巩县（今河南巩义）人，唐代伟大的现实主义诗人。杜甫被世人尊为“诗圣”，其诗被称为“诗史”。杜甫与李白合称“李杜”。

杜甫少年时代曾先后游历吴越和齐赵，其间曾赴洛阳应举不第。35岁以后，先在长安应试，落第；后来向皇帝献赋，向贵人投赠。官场不得志，目睹了唐朝上层社会的奢靡与社会危机。天宝十四年（755），安史之乱爆发，潼关失守，杜甫先后辗转多地。乾元二年（759），杜甫弃官入川，虽然躲避了战乱，生活相对安定，但仍然心系苍生，胸怀国事。

杜甫的思想核心是仁政思想，他有“致君尧舜上，再使风俗淳”的宏伟抱负。杜甫虽然在当时名声并不显赫，但后来声名远播，对中国文学和日本文学都产生了深远的影响。杜甫共有约1500首诗歌被保留了下来，代表作有《登高》《春望》《北征》以及“三吏”“三别”等，大多集于《杜工部集》。

阅读鉴赏

想当年开元盛世时，小城市就有万家人口，农业丰收，粮食储备充足，储藏米谷的仓库也装得满满的。

社会秩序安定，天下太平没有寇盗横行，随时可以出门远行。手工业和商业发达，到处是贸易往来的商贾的车辆，络绎不绝于道。男耕女桑，各安其业，各得其所。

宫中天子奏响祭祀天地的乐曲，一派太平祥和。社会风气良好，人们互相友善，关系融洽，百余年间，没有发生过大的灾祸。国家昌盛，政治清明。

杜甫的《忆昔》共有两首，是杜甫在成都时期所作。诗里写了自己对唐肃宗和唐玄宗两朝旧事的回忆。第一首写的是“安史之乱”后唐朝的混乱情况；第二首以充满羡慕之情回叙了当年开元盛世时期全国经济繁荣和太平的景象，希望唐王室能够中兴，使盛世得以重现。

本文节选的是第二首的前半部分。作者给我们描述了开元盛世时期的繁荣景象。这既是他亲眼所见，也是他“致君尧舜上，再使风俗淳”政治理想的现实写照。虽然杜甫是从地主阶级的立场和理想来观察现实的，但诗中所描述的人丁兴旺、和平环境、丰衣足食，也是劳动人民所期望的。

唐朝盛世的到来，有几个方面的原因，一是社会政治稳定。随着隋唐的统一，整个社会迎来了长期的安定与和平。二是统治者的励精图治。唐玄宗以唐太宗为榜样，勤于政事，励精图治，实施了一系列促进社会经济、文化教育、民族团结的发展政策。这些使唐朝成为当时世界上最大的封建帝国，领土东至朝鲜半岛，西至葱岭以西的中亚，北至蒙古，南至印度支那。出现了很多发达的城市，如长安、扬州、洛阳、成都等，交通发达，商铺林立，商人络绎不绝，很多国家派遣唐使来中国经商学习。

然而，开元后期，唐玄宗散失了向上求进的精神，政治越发腐败，贪图享乐，宠幸杨贵妃，任人唯亲。最终导致了历史上著名的“安史之乱”，唐朝由盛转衰。杜甫这首《忆昔》的后半部分写了现实中战火不断，民不聊生的景象，与前半部分形成强烈的对比，抒发了悲痛之情，并寄希望于国君，中兴唐朝，恢复盛世景象。

思考寄语

国强则民强，国富则民富，国家昌盛则民族昌盛。自中华人民共和国成立以来，伟大的中国共产党带领人民取得了举世瞩目的成就。生活在这样的盛世是我们每一个人的荣幸。我们每个人要把人生理想融入实现中华民族伟大复兴中国梦的奋斗中去，坚定信念，磨炼意志，让中华民族长久地立于世界民族之林。

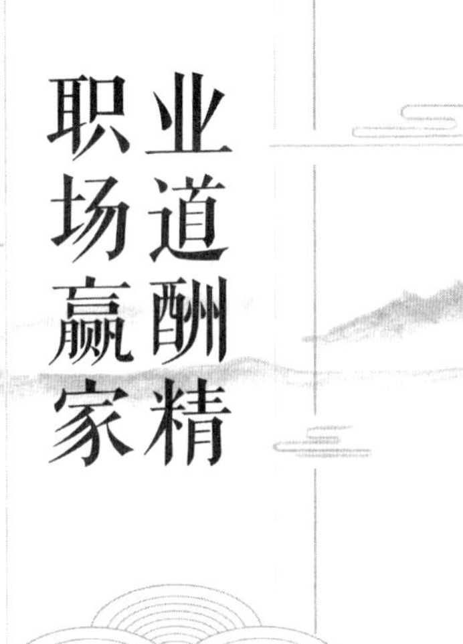

业道酬精 职场赢家

1 景泰蓝的制作（节选）

诵读主体

第二步工作叫掐丝，就是拿扁铜丝（横断面是长方形的）粘在铜胎表面上。这是一种非常精细的工作。掐丝工人心里有谱，不用在铜胎上打稿，就能自由自在地粘成图画。譬如粘一棵柳树吧，干和枝的每条线条该多长，该怎么弯曲，他们能把铜丝恰如其分地剪好曲好，然后用钳子夹着，在极稠的白芨浆里蘸，粘到铜胎上去。柳树的每个枝子上长着好些叶子，每片叶子两笔，像一个左括号和一个右括号，那太细小了，可是他们也要细磨细琢地粘上去。他们简直是在刺绣，不过是绣在铜胎上而不是绣在缎子上，用的是铜丝而不是丝线、绒线。

他们能自由地在铜胎上粘成山水、花鸟、人物种种图画，当然也能按照美术家的设计图样工作。反正他们对于铜丝好像画家对于笔下的线条，可以随意驱遣，到处合适。美术家和掐丝工人的合作，使景泰蓝器物推陈出新，博得多方面人士的爱好。

知人论世

叶圣陶（1894—1988），江苏苏州人，原名叶绍钧，字秉臣。现代著名的作家、教育家、编辑家、文学出版家和社会活动家。其创作涉及童话、散文、小说等领域，而且发表了多篇指导语文教学的文章，对语文教学和教材的规范化有独特的贡献。他写作态度严肃认真，风格朴素自然，语言洗练优美，有“优秀的语言艺术家”之称。主要作品有长篇小说《倪焕之》，童话集《稻草人》《古代英雄的石像》，散文集《小记十篇》，短篇小说《潘先生在难中》《一篇宣言》《多收了三五斗》《夜》。

阅读鉴赏

《景泰蓝的制作》是一篇事物说明文。说明产品的生产过程的文章，往往按照工序来介绍，这样可以给读者留下清晰、鲜明的印象，易于了解生产知识。景泰蓝制作工艺水平要求高、生产过程复杂，文章抓住每道工序的特点，运用多种说明方法，有详有略，语言准确朴素。本文是节选，主要介绍制作景泰蓝的第二道工序——掐丝。掐丝是景泰蓝制作中较为复杂的工序，所以说得比较详尽。第一段作者先用下定义的方法简要解说掐丝，然后以粘一棵柳树图形为例，举例具体说明掐丝的操作工艺。“每片叶子两笔，像一个左括号和一个右括号”用了打比方的说明方法，以“括号”比喻说明，使读者容易理解。“他们简直是在刺绣，不过是绣在铜胎上而不是绣在缎子上，用的是铜丝而不是丝线、绒线”用了作比较的说明方法，把掐丝与刺绣进行比较，说明掐丝之难，突出这道工序要在细密上显能耐。这一段综合运用了四种说明方法，更全面、更具体、更翔实地介绍“粘铜丝”这道关键工序。第二段介绍景泰蓝的图样有掐丝工人自行设计制作和按美术家设计图样制作两种，说明两方面合作使得景泰蓝制作得以推陈出新。作者在介绍工序的过程中，插进了自己的感想和体会。“他们简直是在刺绣，不过是绣在铜胎上而不是绣在缎子上，用的是铜丝而不是丝线、绒线。”这里作者用了议论的表达方式，感叹这是一项精细的工作，突出了景泰蓝是用手工辛勤制成的，赞扬了手工艺工人的聪明才智、辛勤劳动和他们的特殊贡献，以此说明这种手工艺品独特的审美价值，难能可贵。

思考寄语

景泰蓝制作工艺，充分体现了劳动者的伟大，体现出劳动者工作时精细、细致、细密的精神。精细：精密细致、工作认真，考虑问题细致周到。细致：精细周密，办事、思考问题时态度精细入微。细密：精细致密，观察思考、处理问题时仔细周全。这就是我们学习、工作中应当秉持和弘扬的精神风尚。作为青年一代，也许我们未必有幸传承这些传统手艺，但是我们能够也必须传承匠人们执着坚守、精益求精的“工匠精神”，以匠心致初心，争做新时代的“匠人”！

2 让工匠精神深入人心

诵读主体

近日，习近平总书记致信祝贺首届全国职业技能大赛举办，强调“大力弘扬劳模精神、劳动精神、工匠精神”“培养更多高技能人才和大国工匠”。在长期实践中，我们培育形成了“执着专注、精益求精、一丝不苟、追求卓越的工匠精神”。迈向新征程，扬帆再出发，急需一大批具有工匠精神的劳动者，亟待让工匠精神在全社会更加深入人心。

不论是传统制造业还是新兴制造业，不论是工业经济还是数字经济，工匠始终是中国制造业的重要力量，工匠精神始终是创新创业的重要精神源泉。中国制造、中国创造需要培养更多高技能人才和大国工匠，需要激励更多劳动者特别是青年人走技能成才、技能报国之路，更需要大力弘扬工匠精神，造就一支有理想守信念、懂技术会创新、敢担当讲奉献的庞大产业工人队伍，为经济社会发展注入充沛动力。

让工匠精神深入人心，就要创造更多“工匠故事”。做好电线电缆“守门员”的叶金龙，与马达结缘一辈子的吴玉泉，以精湛技能完美诠释“钳工”意义的赵水林……一批批国家级技能大师，坚守产业报国的初心，在平凡的岗位上成就了不平凡的业绩。深入贯彻尊重劳动、尊重知识、尊重人才、尊重创造方针，完善工匠政策，提升工匠地位，落实工匠待遇，才能为广大技能人才提供更广阔的舞台，推动更多工匠竞相涌现。

让工匠精神深入人心，还要进一步讲好“工匠故事”。工匠精神是在生产实践中凝聚而成的可贵品质，充分展现着劳动之美、精神之美、时代之美。讲好“工匠故事”，能让人们从大国工匠身上感受到劳动的光荣、精神的魅力。开展以弘扬工匠精神为主题的宣传教育，把崇尚工匠精神纳入人才培养全过程，贯通大中小学各学段和家庭、学校、社会各方面，才能让一个个“工匠故事”激励青少年乃至更多人追求卓越。

自2019年起，杭州将每年的9月26日设为“工匠日”，成为全国第一个为工匠设立专属节日的城市。设立“工匠日”，是为了激励工匠们创新创造，也是为了培厚工匠精神的土壤。无论是开展“杭州工匠”评选与表彰、打造劳模工匠文化公园与工匠元素特色街区，还是创立“杭工云课”等线上线下教学平台、建立健全“工匠带徒”制度，众多举措让工匠有荣誉感、成就感，让崇尚工匠精神成为一种新时尚。

时代发展需要大国工匠。站在实现“两个一百年”奋斗目标的历史交汇点上，全社会都要大力弘扬工匠精神，让崇尚工匠精神的理念深入人心，让每一位劳动者在新时代书写出更多更精彩更动人的“工匠故事”。

知人论世

本文选自《人民日报》，有删改，作者翟春阳。

工匠精神本是一种职业精神，是职业道德、职业能力、职业品质的总体体现，是从业者价值取向和行为的一种表现。工匠精神包括高超的技艺和精湛的技能，以及严谨细致、专注负责的工作态度，精雕细琢、精益求精的工作理念，对职业的认同感、责任感。

工匠精神是社会文明进步的重要尺度，是中国制造前行的精神源泉，是企业竞争发展的品牌资本，是员工个人成长的道德指引。

阅读鉴赏

我们为什么要重提匠心与工匠精神，并让工匠精神深入人心？文章指出“不论是传统制造业还是新兴制造业，不论是工业经济还是数字经济，工匠始终是中国制造业的重要力量，工匠精神始终是创新创业的重要精神源泉”。新时代要继续发扬“工匠精神”，用劳动创造动人的中国故事。在论证中，一、二两段从习近平总书记的讲话入手，表明工匠精神时至今日仍具有重要意义。三、四两段从怎么做的角度展开论述，指出让工匠精神深入人心，就要创造更多“工匠故事”、讲好“工匠故事”。第五段举杭州设立“工匠日”的例子加强论证。第六段展望未来，呼吁民众大力弘扬工匠精神，让工匠精神深入人心。总的来讲，本文体现了为了中华民族伟大复兴的中国梦，呼吁全社会要进一步健全技能人才培养、使用、评价、激励制度，切实增强技能劳动者获得感与职业荣誉感、自豪感，培养更多人对于技能成才、技能报国观念的认同。

思考寄语

本文从创造更多“工匠故事”入手，进一步讲好“工匠故事”，让工匠精神在全社会更加深入人心。对于我们职业学校的青年学生来说，工匠精神更是必不可少的。职校生想要为祖国的强大、制造业的发展贡献出自己的力量，在将来的人才市场竞争中争得一席之地，就必须将工匠精神融入自己的骨血中，将它变成自己的一部分，为自己、为企业、为社会、为国家添砖加瓦。

3 培养德艺兼备的大国工匠

诵读主体

党的十九届四中全会《决定》提出，“弘扬科学精神和工匠精神，加快建设创新型国家”。贯彻落实新发展理念，推动我国从制造大国迈向制造强国，需要大力弘扬工匠精神，厚植工匠文化，培养德艺兼备的大国工匠，打造优质产品，擦亮中国品牌。

树匠心。工匠精神不仅是职业技能的体现，更是内在精神品质的彰显。有没有工匠精神，关键是看有没有一颗兢兢业业、孜孜以求的匠心。树匠心，要树立正确的劳动观和劳动态度，充分认识到劳动没有高低贵贱之分，无论从事什么工作，都要做到干一行，爱一行，钻一行。“天下大事，必作于细。”树匠心，要把精益求精的品质追求贯穿工作始终。这就要求劳动者笃实专一、心无旁骛，把技艺的精准、精细视为生命。工匠不是“速成品”，需要劳动者具备久久为功的坚定意志，经年累月、专注持续地在一个领域内钻研。匠心的树立与劳动者个体优良品质的塑造密不可分，同时需要社会、政府、企业积极进行引导和培育。应加大教育引导力度，树立工匠典型，厚植工匠文化，在全社会形成尊重劳动、崇尚劳动的良好氛围，让工匠精神深入人心。

铸匠艺。匠艺是匠心的外在体现。中华民族工匠技艺源远流长、博大精深，历经数千年而不衰，是劳动人民长期经验的积累和智慧的结晶。中华民族的工匠技艺之所以能经世代传承而不断发展，一个重要原因就在于守住了传统匠艺的根基和精神实质，如注重细节、精雕细琢、追求完美。大力弘扬工匠精神，培养德艺兼备的大国工匠，就要注重坚守和传承高超的传统匠艺及其蕴含的思维方式和价值理念。锤炼精湛技艺、锻造过硬本领，离不开传承延续，更离不开推陈出新。只有在传承的基础上不断创新，才能拓展发展空间，赋予传统技艺新的生命力。劳动者要用匠心引领技艺的提升与超越，立足我国现实，放眼世界制造业发展方向，不断探索技艺提升路径，在既有技艺水平的基础上寻求新的突破。

育匠才。广大技能人才是工匠精神的主要传承者、实践者、创新者。近年来，我国越来越重视技能人才的培育，培养造就一大批“蓝领”人才。但也应看到，我国高技能人才总量不足、结构有待优化等问题仍不同程度存在。要顺应时代需要，大力发展职业教育，着力构建与技术创新和社会需求相适应的现代职业教育体系，搭建产学研良性互动平台，为社会输送更多具有工匠精神的高素质职业人才。建立健全技能培训制度，发挥行业企业、人力资源保障部门的作用，组织选派优秀骨干参加培训、开展对外交流，举办“大国工匠进校园”“劳模风采”等主题活动，宣传展示大国工匠、能工巧匠和高素质劳动者的事迹和形象，大力营造尊重劳动、崇尚技能的社会氛围。健全技能人才评价激励制度，对各行各业涌现的技术创新人才加大表彰奖励力度，提高薪酬待遇，引导广大劳动者弘扬工匠精神，恪尽职业操守，崇尚精益求精，激励他们走技能成才、技能报国之路，让更多社会需要的技能人才、大国工匠不断涌现。

知人论世

本文选自《人民日报》，有删改。

工匠精神意味着“德艺兼备”的职业信仰。所谓“德艺兼备”，即在力求技艺水平提高的同时，提升自身的道德修养水平。

工匠精神的核心价值理念是追求至善尽美、精益求精的工作境界，倡导工匠应该具有严谨、专注、坚持、一丝不苟、敬业奉献等高尚的道德品质。如果说工匠技艺是工匠群体赖以生存的“筋骨”，那么，工匠精神则是工匠群体赖以延续传承的“风骨”。近年来，我国在大力弘扬工匠精神，工匠精神再次成为全社会关注的热点。今天我们弘扬工匠精神，目的在于全面提高广大职工素质，加快建设一支知识型、技能型、创新型产业队伍，为全面建成社会主义现代化强国充分发挥工人阶级的主力军作用。

阅读鉴赏

本文围绕“德艺”这个核心，分别从“树匠心”“铸匠艺”“育匠才”三个方面论述了培养德艺兼备的大国工匠的方法和措施，既有理论深度，也有实践广度。作者倡导在全社会形成尊重劳动、崇尚劳动的良好氛围，积极传承高超的传统匠艺及其蕴含的思维方式和价值理念，鼓励劳动者走技能成才、技能报国之路。作者的这些观点很有见地，值得我们好好学习领悟。

树匠心，要树立正确的劳动观和劳动态度，把精益求精的品质追求贯穿工作始终。铸匠艺，要注重坚守和传承高超的传统匠艺及其蕴含的思维方式和价值理念。育匠才，要顺应时代需要，大力发展职业教育，着力构建与技术创新和社会需求相适应的现代职业教育体系，搭建产学研良性互动平台，为社会输送更多具有工匠精神的高素质职业人才，让更多社会需要的技能人才、大国工匠不断涌现。

思考寄语

对于即将走进社会、走上工作岗位的中职学生而言，学习和感受工匠精神，能够获得内心的震撼与洗礼，增进对工匠精神的认同与赞誉，激励更多人成为工匠精神的践行者和传播者。“三百六十行，行行出状元。”作为中职生，我们要认真学习，刻苦锻炼技能，养成良好的专业素养，树立正确的职业观，成为一个“德艺兼备”的新时代青年人。

4 对自己的人生负责

诵读主体

我们活在世上，不免要承担各种责任，小至对家庭、亲戚、朋友，对自己的职务，大至对国家和社会。这些责任多半是应该承担的。不过，我们不要忘记，除此之外，我们还有一项根本的责任，便是对自己的人生负责。

每个人在世上都只有活一次的机会，没有任何人能够代替他重新活一次。如果这唯一的一次人生虚度了，也没有任何人能够真正安慰他。认识到这一点，我们对自己的人生怎么能不产生强烈的责任心呢？在某种意义上，人世间各种其他的责任都是可以分担或转让的，唯有对自己的人生的责任，每个人都只能完全由自己来承担，一丝一毫依靠不了别人。

不止于此，我还要说，对自己的人生的责任心是其余一切责任心的根源。一个人唯有对自己的人生负责，建立了真正属于自己的人生目标和生活信念，他才可能由之出发，自觉地选择和承担起对他人和社会的责任。正如歌德所说："责任就是对自己要求去做的事情有一种爱。"因为这种爱，所以尽责本身就成了生命意义的一种实现，就能从中获得心灵的满足。相反，我不能想象，一个不爱人生的人怎么会爱他人和爱事业，一个在人生中随波逐流的人怎么会坚定地负起生活中的责任。实际情况往往是，这样的人把尽责不是看作从外面加给他的负担而勉强承受，便是看作纯粹的付出而索求回报。

一个不知对自己的人生负有什么责任的人，他甚至无法弄清他在世界上的责任是什么。有一位小姐向托尔斯泰请教，为了尽到对人类的责任，她应该做些什么。托尔斯泰听了非常反感，因此想到：人们为之受苦的巨大灾难就在于没有自己的信念，却偏要做出按照某种信念生活的样子。当然，这样的信念只能是空洞的。这是一种情况。更常见的情况是，许多人对责任的关系确实是完全被动的，他们之所以把一些做法视为自己的责任，不是出于自觉的选择，而是由于习惯、时尚、舆论等原因。譬如说，有的人把偶然却又长期从事的某一职业当作自己的责任，从不尝试去拥有真正适合自己本性的事业。有的人看见别人发财和挥霍，便觉得自己也有责任拼命挣钱花钱。有的人十分看重别人尤其上司对自己的评价，谨小慎微地为这种评价而活着。由于他们不曾认真地想过自己的人生使命究竟是什么，在责任问题上也就必然是盲目的了。

所以，我们活在世上，必须知道自己究竟想要什么。一个人认清了他在这世界上要做的事情，并且在认真地做着这些事情，他就会获得一种内在的平静和充实。他知道自己的责任之所在，因而关于责任的种种虚假观念都不能使他动摇了。我还相信，如果一个人能对自己的人生负责，那么，在包括婚姻和家庭在内的一切社会关系上，他对自己的行为都会有一种负责的态度。如果一个社会是由这样对自己的人生负责的成员组成的，这个社会就必定是高质量的有效率的社会。

知人论世

本文作者周国平，1945年7月生于上海。是中国当代著名学者、散文家、哲学研究者、作家，是中国研究哲学家尼采的著名学者之一。1968年毕业于北京大学哲学系；1978年入学于中国社会科学院哲学系，先后获哲学硕士、博士学位；1981年进入中国社会科学院哲学研究所工作至今。著有学术专著《尼采：在世纪的转折点上》《尼采与形而上学》，随感集《人与永恒》，散文集《守望的距离》《各自的朝圣路》《安静》，纪实作品《妞妞：一个父亲的札记》《南极无新闻——乔治王岛手记》等；1998年年底以前作品结集为《周国平文集》（1—6卷），译有《尼采美学文选》《尼采诗集》等。

其散文长于用文学的形式谈哲学，诸如生命的意义、死亡、性与爱、自我、灵魂与超越等，虔诚探索现代人精神生活中的普遍困惑，重视观照心灵的历程与磨难，寓哲理于常情中，深入浅出，平易之中多见理趣。

阅读鉴赏

本文的中心论点是“我们要对自己的人生负责”。作者在文章开头通过与“人活在世上”应该承担的其他责任比较后提出了论点。第二段从“自己的人生责任只能完全由自己来承担”这方面来展开论述；第三段作者引用了歌德的名言，并将“对自己的人生负责的人”和“对自己的人生不负责的人”进行了对比，充分有力地论证了“对自己的人生的责任心是其余一切责任心的根源”。第四段从“明确自己的人生责任，才能弄清自己的社会责任”这方面展开论述。文章最后通过分析论证得出结论，意在告诉我们“高质、有效社会的建设需要从每一个人对自己的人生负责做起”的道理。由人写到社会，论证更深入。

歌德说：“责任就是对自己要求去做的事情有一种爱。”也许我们还没有这样的认识，对自己的人生负责，不仅是我们的一项责任，还是“其余一切责任心的根源”。因为，只有“建立了真正属于自己的人生目标和生活信念，他才能由之出发，自觉地选择和承担起对他人和社会的责任”，由此，我们的社会才能有更高的质量和更高的效率。

思考寄语

一个时代有一个时代的使命，一代人有一代人的责任。作为新时代的中职生，要珍惜这个时代、担负时代使命，在担当中历练，在尽责中成长，让青春在新时代改革开放的广阔天地中绽放，让人生在实现中国梦的奋进追逐中展现出勇敢奔跑的英姿，努力成为德、智、体、美、劳全面发展的社会主义建设者和接班人！

5　永不折服的中国脊梁（节选）

诵读主体

有人曾说：中国总是被这群最勇敢的人保护得很好。这群勇士中，一定有一个叫钟南山的人。

钟南山骨子里的“刚”，从小就埋下了。12岁那年，他偷偷找来一把大伞，从三楼一跃而下，幻想像武侠片中的豪杰一样凌云腾空。没想到，伞边翻卷，支撑力不足，钟南山狠狠地摔在草地上，瘫坐了一个多小时，一声不吭地爬了起来。

成年之后，钟南山投入到了医学行业。1971年他刚进入广州第四人民医院时，是医院里功底最差的大夫。因为一次医疗诊断失误，他被科室的医师们揶揄嘲讽，他羞愧难当，每天见缝插针地开始了医学术语和专业英语的学习。几个月内，他写下了4大本医疗工作笔记，暴瘦24斤，很快胜任了临床工作。

43岁时，他通过了选拔考试，赢得了到英国留学的机会。当时，中国医生没有资格直接参与临床手术，钟南山只能做一些查房、参观实验的边角活。他知道，只用眼睛看根本不能做出成绩，导师也不看好他，只允许他待满8个月。钟南山不服气，决定改变局面。为了观察真实的实验过程，他在自己身上抽血30多次，记录好实验数据；为了研究“一氧化碳对人体影响”的课题，他狂吸一氧化碳。要知道，血液中一氧化碳含量高达22%，就相当于连抽60支香烟。他成功了，不仅证实了导师的演算公式，还指出了推导的不完整性。导师心服口服，告诉钟南山：“你想待多久都可以。”毕业时，英国一家大学极力挽留钟南山，希望他在皇家医院工作，钟南山则执意要回国。导师弗兰里给中国驻英国大使馆写信，热情赞扬钟南山：“我从未遇到过一个学生，像钟医生这样勤奋，合作得这样好，这么有成效。”

钟南山在他的日记里写道：“我终于让他们明白了，中国人也有值得别人学习的地方。我第一次感觉到做中国人的骄傲。”从此他成长为一个敢医敢言的“钢铁直男”，在医学的荆棘丛里走出一条坦途。

“人最可贵的是讲心里话，心里话不一定都是对的，你拿出来批判也没关系，只要能够启发大家思考就达到目的了。”钟南山一生铿锵刚直，不相信盲目的传言，不屈从所谓权威，只相信实践和时间检验过的真理。这样一个刚的猛士，心底却藏着极致的温柔。

“非典”刚开始时，广州不明原因的肺炎病人急剧增多，明知病毒极强，钟南山还是挺身而出：“把重症病人都送到我这里来。”他亲自给每个病人量体温，不放过每一个观察的机会。曾连续工作38小时未合眼，直到病倒在床。为了不影响同事和病人的情绪，他隐瞒了病情，悄悄回家治疗……武汉疫情凶猛，他叮嘱大家“没有特殊情况，不要出门”，自己却毅然踏上去往武汉的列车。历经多少疫情，被疲倦和疾病百般折磨，他都不曾落泪，却在听闻武汉街头无数市民齐声高唱国歌的消息时，眼眶泛红，哽咽失声。

鲁迅说：“我们自古以来，就有埋头苦干的人，有拼命硬干的人，有为民请命的人，有舍身求法的人……”这就是中国的脊梁。

钟南山，就是那刚硬坚强、永不弯折的中国脊梁。

知人论世

钟南山，中共党员。1936年出生于江苏南京，福建厦门人，广州医科大学附属第一医院国家呼吸系统疾病临床医学研究中心主任，中国工程院院士，中国医学科学院学部委员。曾任广州医学院院长、党委书记，广州呼吸疾病研究所所长。国家卫健委高级别专家组组长、国家健康科普专家。2020年8月11日，习近平签署主席令，授予钟南山“共和国勋章”；9月4日，钟南山入选2020年“全国教书育人楷模”名单。钟南山长期致力于重大呼吸道传染病及慢性呼吸系统疾病的研究、预防与治疗，成果丰硕，实绩突出。2021年11月，担任“中国消防宣传公益使者”。

阅读鉴赏

作者用“永不折服的中国脊梁”做文章的标题，使用了比喻的手法，将钟南山比作中国脊梁，生动形象地写出了钟南山的家国担当，引起了读者的兴趣，“永不折服”突出钟南山的刚毅执着。文章主要记叙了钟南山的六件事情：一是12岁就敢从三楼跳伞；二是在广州第四人民医院努力学习专业；三是在英国留学为获取第一手资料，用自己做实验，得到了导师的挽留和极力称赞；四是“非典”“新冠肺炎”时，勇敢地揭露真相；五是带病工作，温柔对待病人；六是听到武汉市民唱国歌哽咽失声。通过这些事情展现了钟南山刚烈执着、刻苦钻研、爱岗敬业、爱国情怀、正直而真诚的性格特征。

思考寄语

青少年无论是在校学习生活，还是未来顶岗就业，我们都应该对待专业技能追求完美、精益求精；对待工作任务严谨认真、一丝不苟；对待职业岗位爱岗敬业、踏实坚守。青少年是国家的希望和民族的未来，让我们一起努力，成为中国新时代的脊梁，共同谱写民族精神的新篇章。

6 纪昌学射

诵读主体

甘蝇，古之善射者，彀弓而兽伏鸟下。弟子名飞卫，学射于甘蝇，而巧过其师。纪昌者，又学射于飞卫。飞卫曰："尔先学不瞬，而后可言射矣。"

纪昌归，偃卧其妻之机下，以目承牵挺。二年之后，虽锥末倒眦，而不瞬也。以告飞卫。飞卫曰："未也，必学视而后可。视小如大，视微如著，而后告我。"

昌以牦悬虱于牖，南面而望之。旬日之间，浸大也；三年之后，如车轮焉。以睹余物，皆丘山也。乃以燕角之弧、朔蓬之簳射之，贯虱之心，而悬不绝。以告飞卫。飞卫高蹈拊膺曰："汝得之矣！"

知人论世

节选自《列子·汤问》。

列子，名御寇，道家学派著名的代表人物，著名的思想家、寓言家和文学家，是老子和庄子之间承前启后的一位道家思想代表人物。列子（本人与弟子）著有《列子》，对后代的哲学、文学、科技、宗教都有深远的影响。那时，由于人们习惯在有学问的人姓氏后面加一个"子"字，表示尊敬，所以列御寇又称为"列子"。列子一生安于贫寒，不求名利，不进官场，隐居郑国40年，潜心著述。《列子》属于早期黄老道家的一部经典著作。后人搜罗整理加以补全。现存八篇《天瑞》《黄帝》《周穆王》《仲尼》《汤问》《力命》《杨朱》《说符》。其中《愚公移山》《杞人忧天》《两小儿辩日》《纪昌学射》等脍炙人口的寓言故事，可谓家喻户晓，广为流传。

阅读鉴赏

甘蝇是古代善于射箭的人，只要他一拉弓肯定野兽趴倒鸟掉下。他的弟子名叫飞卫，拜师甘蝇学习射箭，后来超过了他的师傅。名叫纪昌的人，又拜飞卫为师学习射箭。飞卫说："你先学不眨眼的功夫，然后才可以谈得上学习射箭的事。"

纪昌回到家，仰卧在他妻子的织布机下面，用眼睛紧盯着织布机的踏板。两年以后，就算是锥子尖抵到眼皮了，他也不会眨一眨眼。他把这事告知飞卫。飞卫说："还不行，必须学完看以后才行，练到看小的东西就好像看大东西，看极其微小的东西就好像看很显著的东西，然后再告诉我。"

纪昌用牦牛的毛绑着虱子挂在窗户上，面向南面望着它，十天之内，逐渐看得大了；三年之后，他看那虱子就像车轮一样大了。再用眼睛看别的东西，都像山丘一样了。于是用燕国的牛角做的弓、北方的蓬竹做竿的箭射那虱子，箭穿透了虱子的中心，但是悬吊它的牛毛还不断。于是纪昌把这事告诉了飞卫。飞卫跳起来拍着胸脯说："你学成了啊！"

《纪昌学射》讲的是纪昌拜飞卫为师学习射箭，飞卫告诉他先要下功夫练眼力，一是"眼睛要牢牢地盯住一个目标，不能眨一眨"；二是"练得能够把极小的东西，看成一件很大的东西"。纪昌一一照做。等练好了眼力，飞卫才开始教他开弓放箭。后来，纪昌成了百发百中的射箭能手。文章并没有把笔墨用在纪昌如何学习射术，而是详细地讲述了纪昌两次练眼力的过程。这则寓言篇幅短小、内容浅显，但人物个性鲜明，给我们塑造了一个勤学苦练的纪昌。特别是文章中描写纪昌练眼力的句子，描写生动，突出表现了纪昌的品质。这部分内容既是故事情节的重点，也是语言表达上的重点，应该说是人文精神与语言表达的结合点。故事以生动的事例说明了无论学什么技艺，都要从学习这门技艺的基本功入手。当然，从另一个角度看，还可以体会到学习者的恒心和毅力、名师的指点对学习的结果的重要作用。

思考寄语

要想学会一项本领，没有什么捷径可走，必须下苦功夫，扎扎实实地打好基础，然后循序渐进，由浅入深，踏踏实实，精益求精，并且坚持不懈地朝着目标前进，这样才能达到事半功倍的作用。吃得苦中苦，方为人上人。

7 运斤成风

诵读主体

庄子送葬，过惠子（即惠施，是庄子的好友）墓，顾谓从者曰："郢人垩漫其鼻端，若蝇翼，使匠石斫之。匠石运斤成风，听而斫之，尽垩而鼻不伤，郢人立不失容。宋元君闻之，召匠石曰：'尝试为寡人为之。'匠石曰：'臣则尝能斫之。虽然，臣之质死久矣！'自夫子之死也，吾无以为质矣，吾无与言之矣！"

知人论世

庄子，名周，战国时期宋国蒙人，著名的思想家、哲学家、文学家。他是继老子之后道家学派的代表人物，创立了华夏重要的哲学学派——庄学。与老子并称为"老庄"。庄子思想主张清静无为，主张顺其自然，不求名、不求利，淡视生死。庄子文字的汪洋恣肆，意象的雄浑飞越，想象的奇特丰富，情致的滋润旷达，给人以超凡脱俗与崇高美妙的感受，在中国的文学史上独树一帜。他的文章体制已脱离语录体形式，标志着先秦散文已经发展到成熟的阶段，可以说《庄子》代表了先秦散文的最高成就。

《庄子》富于想象力和浪漫主义色彩，擅长用寓言来说明道理。《庄子》共33篇，内篇7篇，为庄周所作，外篇15篇和杂篇11篇为庄周门人和后学者所作。

阅读鉴赏

庄子送葬，经过惠子的墓地，回过头来对跟随的人说："郢地有个人让白垩泥涂抹了他自己的鼻尖，像蚊蝇的翅膀那样大小，让匠石用斧子砍削掉这一小白点。匠石挥动斧子呼呼作响，漫不经心地砍削白点，鼻尖上的白泥完全除去而鼻子却一点也没有受伤，郢地的人站在那里也若无其事不失常态。宋元君知道了这件事，召见匠石说：'你为我也这么试试。'匠石说：'我确实曾经能够砍削掉鼻尖上的小白点。虽然如此，我可以搭配的伙伴已经死去很久了。'自从惠子离开了人世，我没有可以匹敌的对手了！我没有可以与之论辩的人了！"

这则寓言设想奇特，夸张大胆。郢人鼻尖上沾了一点薄如蝇翼的白泥，却要匠石去砍；匠石二话不说，斧头挥得呼呼生风，随意削下，却削得那么干净而又不伤皮肤，恰到好处。作者用这种夸张得近乎荒诞的情节，写出了匠石的高超技艺，也写出了郢人的镇定自若。如果没有郢人的信任和配合，匠石的高超技艺是无法施展的。这则寓言是劳动人民高超技艺的一曲赞歌，惊险卓绝。匠石技艺高超，是由于他在长期的工作实践中积累了丰富的经验，熟练地掌握了基本功，掌握了工作的技巧。因此，在自己工作的范围内，他已经从"必然王国"达到了"自由王国"。匠人能够运斤成风，还需要胆大的郢都人配合。所以，知音、搭档很重要，一个人再完美，没有别人的配合、衬托，他的才能也不能显现出来。这体现了"相辅相成，相得益彰"的道理。

思考寄语

运斤成风比喻技术极为熟练高超。凡事想要做到运斤成风，必须要肯下功夫，必须通过反复训练，掌握事物的客观规律，最终把"技"练成"艺"，练成绝世高招。

8 颜氏家训·勉学篇（节选）

诵读主体

古之学者为己，以补不足也；今之学者为人，但能说之也。古之学者为人，行道以利世也；今之学者为己，修身以求进也。夫学者犹种树也，春玩其华，秋登其实；讲论文章，春华也，修身利行，秋实也。

人生小幼，精神专利，长成已后，思虑散逸，固须早教，勿失机也。吾七岁时，诵《灵光殿赋》，至于今日，十年一理，犹不遗忘。二十以外，所诵经书，一月废置，便至荒芜矣。然人有坎壈，失于盛年，犹当晚学，不可自弃。幼而学者，如日出之光；老而学者，如秉烛夜行，犹贤乎瞑目而无见者也。

夫圣人之书，所以设教，但明练经文，粗通注义，常使言行有得，亦足为人；何必"仲尼居"即须两纸疏义，燕寝、讲堂，亦复何在？以此得胜，宁有益乎？光阴可惜，譬诸逝水。当博览机要，以济功业，必能兼美，吾无间焉。

知人论世

颜之推（531—约597），字介，生于江陵（今湖北江陵），祖籍琅琊临沂（今山东临沂），中国古代文学家、教育家。学术上，颜之推博学多才，一生著述甚丰，所著书大多已亡佚，今存《颜氏家训》和《还冤志》两书，《急就章注》、《证俗音字》和《集灵记》有辑本。《颜氏家训》是他对自己一生有关立身、处世、为学经验的总结，被后人誉为家教典范，影响很大。

《颜氏家训》是我国历史上第一部内容丰富、体系宏大的家训，也是一部学术著作。阐述立身治家的方法，其内容涉及许多领域，强调教育体系应以儒学为核心，尤其注重对孩子的早期教育，并对儒学、文学、佛学、历史、文字、民俗、社会、伦理等方面提出了自己独到的见解。文章内容切实，语言流畅，具有一种独特的朴实风格，对后世的影响颇为深远。

阅读鉴赏

古代求学的人是为了充实自己，以弥补自身的缺失；现在求学的人是为了取悦他人，向别人炫耀。古代求学的人是为了他人，推行自己的主张以造福社会；现在求学的人是为了自身需要，涵养德行以求仕进。求学就像种果树一样，春天可以观赏它的花朵，秋天可以收取它的果实。讲论文章，这就好比赏玩春花；修身利行，这就好比摘取果实。

人在幼小的时候，精神专注敏锐，长大成人以后，思想容易分散，所以，对孩子确实需要及早教育，不可坐失良机。我七岁的时候，背诵《灵光殿赋》，直到今天，隔十年温习一次，仍然不会遗忘。二十岁以后，所背诵的经书，搁置在那里一个月，便到了荒废的地步。当然，人总有困厄的时候，壮年时失去了求学的机会，更应当在晚年时抓紧时间进行学习，不可自暴自弃……从小就开始学习的人，就如同太阳初升时的光芒；到老年才开始学习的人，就如同手持蜡烛在夜间行走，但总比那闭着眼睛什么也看不见的人强。

圣人的书，是用来教育人的，只要能熟读经文，精通注文之义，使之对自己的言行经常提供些帮助，也就足以在世上为人了；何必"仲尼居"三个字就要写两张纸的疏文来解释呢，你说"居"指闲居之处，他说"居"指讲习之所，现在又有哪个能够亲见？在这种问题上，争个你输我赢，难道会有什么好处吗？光阴可惜，就像那逝去的流水般一去不返，我们应当广泛阅读书中那些精要之处，以求对自己的事业有所帮助。如果你们能把博览与专精结合起来，那我就非常满意，再无话可说了。

《颜氏家训·勉学篇》不仅仅说了"勉学"，也阐明了做人的一般道理，融入了作者对后世的关爱之情。文章节选，在说理的过程中，作者运用了鲜明的对比、贴切的比喻并结合自己的亲身经历与体验，增添了文章的说服力，教给读者从根本上解决学习中的困惑的方法——学习目的在于"修身利行"，学习态度要"早教"且"不可自弃"，学习方法能使"言行有得"并"博览机要"。

思考寄语

颜之推谆谆教导，学习不可一日放松。人生在世，要学到老，活到老，不能自暴自弃。学习的目的，在于弥补自身的不足之处，在于加强道德修养、不断进取向上，在于将所学知识应用于生活实践、为社会创造财富。我们作为中职生，不能因为年龄、学校等因素影响而自暴自弃，为了未来、为了自己，更应该把握当下，通过学习，掌握技术，成就自己。

9 黄生借书说

诵读主体

黄生允修借书。随园主人授以书，而告之曰：

书非借不能读也。子不闻藏书者乎？七略、四库，天子之书，然天子读书者有几？汗牛塞屋，富贵家之书，然富贵人读书者有几？其他祖父积、子孙弃者无论焉。非独书为然，天下物皆然。非夫人之物而强假焉，必虑人逼取，而惴惴焉摩玩之不已，曰："今日存，明日去，吾不得而见之矣。"若业为吾所有，必高束焉，庋藏焉，曰"姑俟异日观"云尔。

余幼好书，家贫难致。有张氏藏书甚富。往借，不与，归而形诸梦。其切如是。故有所览辄省记。通籍后，俸去书来，落落大满，素蟫灰丝，时蒙卷轴。然后叹借者之用心专，而少时之岁月为可惜也！

今黄生贫类予，其借书亦类予；惟予之公书与张氏之吝书若不相类。然则予固不幸而遇张乎，生固幸而遇予乎？知幸与不幸，则其读书也必专，而其归书也必速。

为一说，使与书俱。

知人论世

袁枚（1716—1798），汉族，钱塘（今浙江杭州）人，祖籍浙江慈溪，字子才，号简斋，晚年自号仓山居士、随园主人、随园老人。清朝乾嘉时期代表诗人、散文家、文学评论家和美食家。

袁枚倡导"性灵说"，主张诗文审美创作应该抒写性灵，要写出诗人的个性，表现其个人生活遭际中的真情实感，与赵翼、蒋士铨合称为"乾嘉三大家"，又与赵翼、张问陶并称"性灵派三大家"，为"清代骈文八大家"之一。文笔与大学士纪昀齐名，时称"南袁北纪"。主要著作有《小仓山房文集》《随园诗话》以及《随园诗话补遗》《随园食单》《子不语》《续子不语》等。散文代表作《祭妹文》，古文论者将其与唐代韩愈的《祭十二郎文》并提。

阅读鉴赏

年轻人黄允修来借书。我（随园主人）把书交给他并且告诉他说：

"书不是借来的就不能好好地去读。您没有听说过那些收藏书籍的人的事吗？《七略》《四库》是天子的藏书，但是天子中读书的人又有几个？搬运时使牛累得出汗，放置在家就堆满屋子的书是富贵人家的书，但是富贵人家中读书的又有几个？其余像祖辈父辈积藏许多图书、子辈孙辈丢弃图书的情况就更不用说了。不只书籍是这样，天下的事物都这样。不是那人自己的东西而勉强向别人借来，他一定会担心别人催着要回，就忧惧地摩挲抚弄那东西久久不停，说：'今天存放在这里，明天就要拿走了，我不能再看到它了。'如果已经被我占有，必定会把它捆起来放在高处，收藏起来，说：'暂且等待日后再看'如此而已。"

"我小时候爱好书籍，但是家里贫穷，难以得到书读。有个姓张的人收藏的书很多。我去借，他不借给我，回来就在梦中还出现那种情形。求书的心情迫切到这种程度。所以只要有看过的书就认真深思并记住。做官以后，官俸花掉了，书籍买来了，一堆堆地装满书册。这样以后才慨叹借书的人用心专一，而自己少年时代的时光是多么值得珍惜啊！"

现在姓黄的年轻人像我从前一样贫穷，他借书苦读也像我从前一样；只是我的书借给别人同别人共用和姓张的人吝惜自己的书籍好像不相同。既然这样，那么我本来不幸是遇到姓张的呢，而姓黄的年轻人本来幸运是遇到了我吧？懂得借到书的幸运和借不到书的不幸运，那么他读书一定会专心，并且他还书一定会很迅速。

写了这一篇借书说，让它同出借的书一起交给姓黄的年轻人。

文章围绕中心，夹叙夹议，层次清楚地阐明事理。开始就提出了“书非借不能读”的观点，出人意表，引人深思，随后围绕着这个中心，逐层展开阐述。先以帝王、富贵人家全都藏书丰富，却没有几个读书人，以及祖父辈尽心藏书而子孙辈随意毁弃书这三种常见的事实，来作初步证明；再用类比推理，以人们对于借来的东西和属于自己的东西所采取的不同态度，来说明这个论断是有普遍意义的。作者从常见的现象中推究出原因——“虑人逼取”，这种外来的压力，会化为鞭策自己的动力，有力地证明了“书非借不能读”的观点。接着，作者又拿自己年少时借书之难、读书用心之专和做官后有了大量的书籍却不再读书等切身经历，从正反两个方面作进一步的论证。最后，在上述分析说明的基础上，紧扣“借书”一事，指出黄生有幸而遇肯“公书”的人，勉励他应该珍惜机会，勤奋学习。

思考寄语

《黄生借书说》道理浅显易懂。我们现在的读书条件比起黄生不知要幸运多少倍，我们更应“知幸与不幸”。在科技飞速发展的今天，我们要珍惜现在大好的学习条件和自己的青春年华，创造条件，刻苦攻读，这样才能业有所精、德有所成，才能为社会主义现代化建设出一份力。

10 伤仲永

诵读主体

金溪民方仲永，世隶耕。仲永生五年，未尝识书具，忽啼求之。父异焉，借旁近与之，即书诗四句，并自为其名。其诗以养父母、收族为意，传一乡秀才观之。自是指物作诗立就，其文理皆有可观者。邑人奇之，稍稍宾客其父，或以钱币乞之。父利其然也，日扳仲永环谒于邑人，不使学。

余闻之也久。明道中，从先人还家，于舅家见之，十二三矣。令作诗，不能称前时之闻。又七年，还自扬州，复到舅家问焉。曰："泯然众人矣。"

王子曰：仲永之通悟，受之天也。其受之天也，贤于材人远矣。卒之为众人，则其受于人者不至也。彼其受之天也，如此其贤也，不受之人，且为众人；今夫不受之天，固众人，又不受之人，得为众人而已耶？

知人论世

王安石（1021—1086），字介甫，号半山，谥号"文"，故世称王文公，封荆国公，世人又称王荆公，临川（今江西抚州临川）人，北宋著名的思想家、政治家、学者、诗人、文学家、改革家，唐宋八大家之一。北宋丞相、新党领袖。

王安石历任扬州签判、鄞县知县、舒州通判等职，政绩显著。熙宁二年（1069），任参知政事，次年拜相，主持变法。因守旧派反对，熙宁七年（1074）罢相。一年后，宋神宗再次起用，旋又罢相，退居江宁。元祐元年（1086），保守派得势，新法皆废，郁然病逝于钟山（在今江苏南京），赠太傅。欧阳修称赞王安石："翰林风月三千首，吏部文章二百年。老去自怜心尚在，后来谁与子争先。"传世文集有《王临川集》《临川集拾遗》等。其诗文各体兼擅，词虽不多，但亦擅长，且有名作《桂枝香》等。而王荆公最得世人传诵之诗句莫过于《泊船瓜洲》中的"春风又绿江南岸，明月何时照我还"。

阅读鉴赏

江西金溪县有个人叫方仲永，他家祖祖辈辈都是种田人。仲永长到五岁，从来也没见过笔墨纸砚，一天，却忽然哭叫着要这些东西。他父亲感到很惊异，就去借邻居的文具来给他。仲永拿起笔来就写出了四句诗，并署上了自己的姓名。这首诗是以孝敬父母、团结宗族立意的，写好后，传给了全乡的读书人观看。从此后，随便指某件事物作为题目，仲永都能立即作出诗来，并且从诗的语言到内容都有可取之处。同乡人都认为仲永很不平常，就渐渐地把他父亲当成宾客一样地对待，有的人还送钱币来求见仲永。仲永的父亲认为这样有利可图，便每天牵着他挨家挨户地去拜见同乡人，而不让他学习。

我很久前就听说了仲永的事情。宋仁宗明道年间，我跟随父亲回乡，在舅舅家见到了他，那时他已经十二三岁了。叫他作诗，却没有以前听说的那样作得好了。又过了七年，我从扬州返乡，再次到了舅舅家。当我问起仲永的情况时，他们说："仲永早就湮没无闻，变得和寻常人一样了。"

王安石说：仲永的通达颖悟，是得到了先天的禀赋。这种得到先天禀赋的天才，是远远胜过一般有才干的人的，但最终变成了平常的人，是由于没有得到老师传授知识。方仲永这样的天才，如此聪明颖达，没有得到老师传授知识尚且会变为平常的人；那些既没有先天禀赋，本身就是很平凡又不向老师学习知识的人，难道能保有一个普通人的资质吗？

文章讲述了江西金溪一个名叫"方仲永"的神童，因后天父亲不让他学习和被父亲当作造钱工具而沦落为一个普通人的故事。文章以仲永为例，告诫人们绝不可单纯依靠天资而不去学习新知识，必须注重后天的教育和学习，强调了后天教育和学习对成才的重要性。这篇文章言简意深，说理严谨。

文章题为"伤仲永"，文中却未见一个"伤"字。作者先叙后议，在事实叙述的基础上立论，事实成为立论的依据。第一、二两段只叙不议，为第三段的议论服务，集中强烈，言简意赅，如画龙点睛，使前面所叙的事实立即升华，具有典型意义。文章叙事之简洁，说理之透彻，王安石散文风格在此已露出端倪。

思考寄语

《伤仲永》是王安石青年时代的作品。作者通过记叙一个"神童"后来变成一个普通人的故事，提出了一个"受之人"比"受之天"更重要的朴素唯物主义观点。就是说，一个人的才能不能只靠先天的优势，还要加上后天的努力，接受教育，增长知识。学习就像逆水行舟，不进则退。

11 孙权劝学

诵读主体

初，权谓吕蒙曰："卿今当涂掌事，不可不学！"蒙辞以军中多务。权曰："孤岂欲卿治经为博士邪！但当涉猎，见往事耳。卿言多务，孰若孤？孤常读书，自以为大有所益。"蒙乃始就学。

及鲁肃过寻阳，与蒙论议，大惊曰："卿今者才略，非复吴下阿蒙！"蒙曰："士别三日，即更刮目相待，大兄何见事之晚乎！"肃遂拜蒙母，结友而别。

知人论世

司马光（1019—1086），字君实，号迂叟，汉族，陕州夏县（今山西夏县）涑水乡人，世称涑水先生，北宋政治家、史学家、文学家。历仕仁宗、英宗、神宗、哲宗四朝，卒赠太师、温国公，谥号"文正"，为人温良谦恭、刚正不阿；做事用功刻苦、勤奋，以"日力不足，继之以夜"自诩，其人格堪称儒学教化下的典范，历来受人景仰。生平著作甚多，主要有《温国文正司马公文集》《稽古录》《涑水记闻》《潜虚》等。

司马光的主要成就反映在学术上。其中最大的贡献，莫过于主持编写《资治通鉴》。《资治通鉴》是中国最大的一部编年体史书，全书共294卷，近400万字，通贯古今，上起战国初期韩、赵、魏三家分晋（前403），下迄五代（后梁、后唐、后晋、后汉、后周）末年赵匡胤（宋太祖）灭后周以前（959）。作者把这1362年的史实，依时代先后，以年月为经，以史实为纬，顺序记写；对于重大的历史事件的前因后果，及其与各方面的关联都交代得清清楚楚，使读者对史实的发展能够一目了然。

阅读鉴赏

起初，孙权对吕蒙说："你现在当权掌管政事，不可以不学习！"吕蒙用军中事务繁多的理由来推托。孙权说："我难道是想要你研究儒家经典成为传授经书的学官吗？只是应当粗略地阅读，了解历史罢了。你说军中事务繁多，谁能比得上我呢？我经常读书，自认为有很大的好处。"吕蒙于是就开始学习。

等到鲁肃到寻阳的时候，和吕蒙论议国家大事，鲁肃惊讶地说："你现在的才干和谋略，不再是以前那个吴县的阿蒙了！"吕蒙说："与读书的人分别几天，就要用新的眼光来看待，兄长怎么认清事物这么晚啊！"于是鲁肃拜见吕蒙的母亲，与吕蒙结为朋友才分别。

文章是一篇记叙文，写的是吕蒙在孙权劝说下"乃始就学"。孙权劝学，先一语破的，向吕蒙指出"学"的必要性，即因其"当涂掌事"的重要身份而"不可不学"；继而现身说法，指出"学"的可能性，使吕蒙无可推辞、"乃始就学"。从孙权的话中，既可以看出他的善劝，又可以感到他对吕蒙的亲近、关心和期望，而又不失人主的身份。"卿今者才略，非复吴下阿蒙"，是情不自禁地赞叹，可见鲁肃十分惊奇的神态，以他眼中吕蒙变化之大竟然判若两人，表现吕蒙因"学"而使才略有了令人难以置信的惊人长进。需要指出的是，鲁肃不仅地位高于吕蒙，而且很有学识，由他说出这番话，更可表明吕蒙的长进确实非同一般。"士别三日，即更刮目相待，大兄何见事之晚乎？"是吕蒙对鲁肃赞叹的巧妙接应。从吕蒙的答话中可见吕蒙颇为自得的神态，吕蒙以当之无愧的坦然态度，表明自己才略长进之快之大。孙权的话是认真相劝，鲁肃的话则有调侃的意味，二者的情调是不同的。吕蒙才略很快就有惊人的长进而令鲁肃叹服并与之"结友"的故事，说明了人只要肯学习就会有长进，突出了学习的重要性。

文章注重以对话表现人物。对话言简义丰，生动传神，富于情趣。写鲁肃、吕蒙对话，一唱一和，互相打趣，显示了两人的真实性情和融洽关系，表明在孙权劝说下吕蒙"就学"的结果，从侧面表现了吕蒙的学有所成，笔墨十分生动，这是全文最精彩之处。

思考寄语

学习对一个人是非常重要的，人不可以不学习。我们作为在校中职生，不能找借口就放弃学习。只要肯学，挤出时间去学，就会学有所进，学有所获，学有所成。

12 人生胜景只给善于独辟蹊径的人

诵读主体

一个小男孩跟着猎人到山中打猎。这里是动物经常出没的地方。猎人是个老猎手，很早的时候，他们就发现有熊、狍子、狐狸等动物在前面的空地上觅食，而且它们总是选择在中午。快晌午的时候，果然有几只白色的狐狸在视线中出现了。猎人没有急着去端枪，因为他知道，这时候并不是最佳的时机。到后来，狐狸们开始放松警惕，沿着谷地的边缘，一路小跑着奔向山谷的另一头。

猎人觉得是时候了，他端起枪，闷闷的两声枪响之后，狐狸们倏忽之间窜了出去。但跑着跑着，有两只狐狸的脚步慢了下来。猎人估计它们受伤了，朝它们逃跑的方向追了过去。猎人知道，只要过一会儿，这两只受伤的狐狸就会因为快速的奔跑而精疲力竭。猎人拼命地追着，然而意想不到的是，跑着跑着，其中的一只狐狸突然改变了方向，奔向了另一条路，另外一只顿了一下，便尾随着刚才的那一只跑了。

狐狸们拐上的是一条并不适宜奔跑的路，不但崎岖不平布满荆棘，而且有很多陷阱。猎人一边追，一边纳闷。然而领头的那只狐狸依旧义无反顾，后面的那只也紧紧尾随其后跑个不停。猎人知道，前面不远处就有几处陷阱。就在这时候，前面的那只狐狸已经跑到了那个位置。它并没有远远地躲开，而是奔着陷阱的方向而去。后面的狐狸似乎没有想许多，只是跟着它。就在快接近那个陷阱的时候，前面的狐狸突然一闪身，躲开了陷阱。而后面那只狐狸，由于躲闪不及时，掉进了已经铺设了许久的陷阱中。

猎人和小孩停在陷阱旁边，把在陷阱中因恐惧而发抖的猎物捕获上来。前面的狐狸跑出去很远之后，又回过头看了一眼。见后面再没有人追上来，才突然显出受伤的情形来，一瘸一拐地仓皇逃窜。

之后，猎人语重心长地对孩子说："孩子，看到了吧，今天那只逃跑的狐狸为我们上了生动的一课。前面的狐狸知道我们这样追赶下去的结果，因此它必须想出一个逃生的方法来。或许它知道，我们只要能够得到它们中的一只，就会放弃继续追下去的念头。这时候，和它一块的狐狸就成了竞争对手。到最后它不是要跑过我们，而是要'跑过'与它一起逃生的另一只狐狸。"

若干年之后，那个小孩成了一家知名企业的老板。他从当年打猎当中得到的人生体验或许更耐人寻味。他说，一个人在人生路上可能会跑掉鞋子，光着脚跑一程，这不可怕；可能会受了蒙蔽或欺骗，走了弯路，这也不可怕；无路可走的时候，可能会跟在别人的后面走上一程，这依旧不可怕；可怕的是，没有目标，一味盲目地跟在别人后边，找不到一条真正属于自己的路。而且因为心中无路，任何一点小小的困境，都可能成为弱者的绝境。

"人生的所有胜景，只会留给善于独辟蹊径的人。"他把这句话刻在了公司最醒目的位置上。

知人论世

独辟蹊径，汉语成语，意指自己开辟一条路，比喻独创一种新风格或者新方法。出自先秦晏婴《晏子春秋·内篇杂上》："昔者婴之治阿也，筑蹊径。"清叶燮《原诗·外篇上》："抹倒体裁、声调、气象、格力诸说，独辟蹊径，而栩栩然自是也。"

近义词：另辟蹊径、别出心裁、独具匠心、标新立异、推陈出新、除旧布新、革故鼎新、独树一帜、别出机杼、别开生面等。

反义词：如出一辙、鹦鹉学舌、步人后尘、墨守成规、陈陈相因、因循守旧、蹈人旧辙、故步自封、率由旧章、萧规曹随、安常守故、蹈常袭故、如法炮制、拾人牙慧、邯郸学步、照猫画虎、东施效颦等。

曾有一则流传甚广的故事：有一位犹太商人用价值50万美元的股票和债券作抵押，向纽约一家大银行申请1美元的贷款。乍一看，这似乎是在开玩笑，令人不可思议。但仔细看来，人们就会为那个犹太商人的聪明睿智、独辟蹊径而折服。他申请1美元贷款的真正目的是让银行替他保存巨额的股票与债券。按照常规，像有价证券等贵重物品应存放在银行金库的保险柜中，但是，犹太商人却悖于常理，通过办理抵押贷款的方式巧妙地解决了大问题，为此他省去了昂贵的保险柜租金，只需付出每年6美分的贷款利息。这是精明的商人通过逆向思维取得成功的一个典型。

阅读鉴赏

在日常生活中，我们有时候也会没有主见，迷失方向，不知道该何去何从，就像文章中那只盲目尾随同伴逃跑的狐狸，盲目尾随也许暂时会增加它的勇气，殊不知在前方等待它的却是陷阱。不盲目、不从众，做一个立场坚定、自立自强的人。

对于第一只狐狸而言，尽管我们不能学习它那奸诈狡猾、残害同类、令人不寒而栗的险恶用心，但其急中生智、逆向思维、独辟蹊径、求生欲望甚至不惜将自己逼上绝境、置之死地而后生的破解之道却值得我们借鉴！有时候成王败寇的社会很残酷很现实，但那是你死我活、丛林法则、零和博弈主导下的恶劣环境，敌我矛盾占据社会主流。对于天下大同、和谐社会、文明至上的新时代而言，善良、信任、宽容、真诚等应该成为主流社会风气，大家与人为善，平等相待，和平共处。还是那句话：朋友来了有好酒，敌人来了有猎枪。

还是以几则案例来启发吧。

有一次，丰子恺画一个人牵两只羊，他画了两根绳子，有人就对他说："绳子只要画一根，牵一只羊，后面的都会跟来。"后来，丰子恺留心观察现实，果然看见前面牵了一只羊走，后面数十只羊都会跟上，即便是走向屠宰场，也没有一只羊肯另觅生路。羊虽如此，但我们却要心中有"主"。我们心中的"主"从何而来？来源于我们自己独立的思考力、判断力和认知力。

孙权即位后，群臣都认为丞相之位非张昭莫属，而孙权却选择了并不怎么有名却乐于体察民情的顾雍为相。就因为顾雍是一个心中有"主"的人。当时，吴国大将纷纷向朝廷建言进攻敌人，很多大臣都支持。孙权拿不定主意，就征询顾雍的意见。顾雍并没受群臣左右，而是坦陈己见："用兵作战要力戒贪图小利。大将们所提的要求，很多都是想为自己邀取功名，而不是为了国家利益。就目前的实力来看，我们还不足以扬威打击敌人，所以陛下不要满足他们的要求。"孙权听从了顾雍的意见，百姓由此得以休养生息，国力逐渐强盛起来。

卢梭年轻时，居无定所，以抄写乐谱为生。1752年，卢梭创作的歌剧《乡村卜师》在王宫演出，国王连声称赞，决定赏赐卢梭一份金子。没想到，卢梭却一口拒绝了。国王还特地委派大臣去好言相劝："好多人想要还得不到哩！国王太看重你了呀！"卢梭却缓缓地对大臣说："这份金子，我无论如何也不接受。我接受了它，就意味着给自己戴上了枷锁。这样，真理完蛋了，自由也完蛋了，勇气也完蛋了。从此以后，我怎能再谈独立和淡泊呢？如果我接受了它，那我就只能阿谀奉承，噤若寒蝉了。"

卢梭能选择拒绝金子，源于他对事情本质和利害关系有清醒的认知。他心知肚明：吃人嘴软，拿人手短。只有抵挡住钱财的诱惑，才能保持精神的独立，言论的自由。“金钱是砌筑幸福的砖瓦，也是吞噬灵魂和个性的蛀虫。”不重金钱，而重个性自由与独立思考，这在任何社会，都是可贵的。

巴金说：“我总是顺着自己的思路想问题，也只能顺着自己的思路想问题。那些填进去的东西总不会在我的脑子里起作用。因为我是人，不是鸭子。”

有哲人说：“人生的所有胜景，只会留给善于独辟蹊径的人。”世间之事，往往成于心“主”，成于独立思考；精彩人生，得靠我们自立、自主去绘就。

思考寄语

没有创造，整个世界就会消沉；没有创造，生活之泉就会干枯；没有创造，生活之树就会枯萎。昨日的事实要在历史的篇章上写下一笔，需要以创造作为浓墨；今天的努力要在人类的史册上画上一笔，需要以创造作为色彩。一项伟大的发明创造，是值得钦佩与赞叹的，但是每项宏伟的创造工程，都是从无数个小创造开始的。谁把轻视的眼光投在点滴的创造上，谁就不会做出点滴的成绩来，他也就会在安于现状中两手空空，一事无成。

13 是颗流星，就要把光留给人间

诵读主体

既然是颗流星，就要把光留给人间，把一切奉献给人民。

我比别人低一等，那就是因为我失去了双腿。多么痛苦啊！沉沦吗？我不甘心；奋进吗？我该怎样铺设一条金光大道？是的，首先我要克服自卑感。我要这样想：在通往未来的征途上，我和你们是同路人！我要加强我的制约能力，坚强些！

人就是这样，必须对生活先有信心，然后才能使生活永远延续下去。而所谓信心就是希望……

有人说幸福是抽象的，那是因为他没有得到真正的幸福。而且他所谓的幸福是对最狭隘的个人而言。我说幸福，真正的幸福是具体而实在的，就像共产主义战士雷锋说的："我觉得人生在世，只有勤劳，发愤图强，用自己的双手创造财富，为人类的解放事业——共产主义贡献自己的一切，这才是最幸福的。"

有的人对共产主义失去了信仰，去信耶稣基督，这是一种自私的表现，因为他们只是求自我解脱，为了填补自己心灵的空虚；而我们是坚定地信仰共产主义的。过去有无数先烈抛头颅，是为了人民群众的解放幸福。这种精神是无私的，共产主义的。

你想成为幸福的人吗？但愿你首先学会吃苦。想不付出任何代价而得到幸福，那是神话。

美国盲聋女作家海伦·凯勒说，倘若我能看见三天，那么，用眼睛去观察到的该是一幅多么美丽的景象啊。但是，那些视力健全的人，对此却视而不见，他们认为，世界上的一切五彩缤纷的壮观景色，都是理所当然的。她讲得多么好啊！就像有些天天工作的人，他们习以为常，并不珍惜自己工作的权利。能为社会，为人民做点事，对我来说是最大的幸福！

我要像海伦说的那样，在知识的海洋里，不断吸取使生命之树常青的养料。

在生活的道路上，我也给自己树立了几个学习的榜样，他们时刻激励我，遇到困难和问题时，我就从他们那里汲取力量。保尔是我一生学习的榜样；给群众治病时我常常想起白求恩；在学习上遇到困难和问题时，我常想起居里夫人，在生活低沉阴郁的时候，我常鼓励自己要像海伦那样热爱生活。他们给了我丰富的精神养料，使我这个大半截身子失去知觉的人，充满活力，充满信心，充满希望。

大脑需要营养，除了在生理上需要血液的供应，在精神上还需要广博的知识去营养。否则，还是一个“低能儿”。而我们青年一代如果不努力，出现“低能儿”的可能性是有的，那便是一些不学无术的寄生虫。

有腿，为什么要说路越走越窄呢？困难，从古到今，谁没有碰到呢？想想吧，远古的灵长类，它们克服了多少艰难险阻才为我们踩出一条宽阔的大路啊！我喜欢这么一句诗：“自古雄才多磨难，从来纨绔少伟男。”翻书看看，大凡成才的贤人哲士哪个不是经历了艰辛的呢？屈原流放赋《离骚》，左丘失明传《春秋》，司马迁受刑写《史记》，曹雪芹举家食粥创作不朽的《红楼梦》……古今中外，发愤的作者又何止百个、千个？大量的事实告诉人们——路是越走越宽的！

在人生的道路上，谁都会遇到困难和挫折。但是，就看你能不能战胜它。战胜了，你就是英雄，就是生活的强者。

只要心在跳动，我就要努力学习和工作，顽强地与疾病抗争，相信我是一个胜利者。用生命的火花去照亮通往未来的征程。

知人论世

山东姑娘张海迪，五岁时因患脊髓血管瘤，造成高位截瘫，胸部以下完全失去知觉。但是，张海迪身残志不残，她以保尔·柯察金的英雄形象鼓舞自己，忍受着令人难以想象的痛苦，与疾病作顽强的斗争。凭着惊人的毅力，她自修了小学、中学的全部课程，自学了日语、英语、德语和世界语，翻译了16万字的外文著作和资料，在1981年高考预选中，这位没上过一天学的姑娘，竟然以436分的优异成绩超过了预选分数线。她还自学了医学知识和针灸技术，热心地为群众解除病痛。

张海迪是保尔·柯察金式的女英雄，当代青年的楷模。她的动人事迹震撼着人们的心灵。张海迪以自己的言行，正确地回答了人生课题：一个青年应该用什么态度对待学习、工作和生活。

阅读鉴赏

读到张海迪的故事，我们自然而然地就会想起“身残志坚”“顽强拼搏”这样的词语，因为，张海迪本身就已经代表了一种精神。她的故事感染着无数人，给众多奋进中的人以无尽的力量。她在五岁时因脊髓病，只能坐在轮椅上自学那些正常的孩子们在学校里就能学到的知识。不久，她因高位截瘫手术只能一动不动地躺在床上了，甚至连脖子都不能扭一下。

她恳求妈妈在桌上支一面镜子，这样她就可以从镜子里面看书了，就这样她学习了小学、初中的知识，更以惊人的毅力开始自学英语，她给自己立下了一条规定：每天背熟10个英语单词，如果背不全，忘了几个就狠狠地咬几下自己的手指。在这样的学习后，她翻译了一部小说——《海边诊所》。十五岁时，张海迪随同父母到农村生活。她看到乡村缺医少药，就立志学医。开始时她专攻针灸，按书上的穴位在自己身上扎针，接下来她又自学了医学院的部分课程，掌握了一些常见病和多发病的治疗方法。后来还自学了日语、德语等，并攻读了研究生的课程，编著了《向天空敞开的窗口》《生命的追问》《轮椅上的梦》等。

在残酷的命运挑战面前，张海迪没有沮丧和放弃，她以顽强的毅力和恒心与疾病作斗争，经受了一个个严峻的考验，对人生充满了信心，在人生的路上绽放着一朵朵成功的花朵。当我们读完这个张海迪的故事时，我们已感受到生命的美丽，我们能看到在绝境中一个坚强的身影在前进着。乐观、不屈服、坚强，这些词语远远不能表达出张海迪那些奋斗的日子。人生的道路不可能永远是一帆风顺的，我们始终会遇见大大小小的困难。现在的我们生活在阳光下，享受着父母、老师、学校对我们的呵护，在蜜糖般的生活中远不知什么是磨难，静心想了想，如果我们遇见了这样的苦难，会不会像张海迪那般用百折不挠的意志获得生命的光辉。

思考寄语

张海迪的故事教会了我们，有了生命，就有了希望，没有什么是不可以的，只要有颗坚强的心，只要持之以恒地努力奋斗，你的生命也可以这样绚丽。张海迪同志把为社会、为人民做事，当成自己最大的幸福。她的崇高精神，闪烁着共产主义的光芒。

大作家萧伯纳说：“有信心的人，可以化渺小为伟大，化平庸为神奇。”张海迪做到了，她说：“是颗流星，就要把光留给人间！”如果你奋斗着，你也可以。因为，人不能选择命运，但能改变命运！

14 寻找梦想的鞋子

诵读主体

圣诞节前夕，已经晚上11点多了，街上熙熙攘攘的人群稀疏了许多，偶尔还有匆匆忙忙往家赶的人，穿行在霓虹灯俯视下浓浓的节日氛围里。新的一年又要来了！

“感谢上帝，今天的生意真不错！”忙碌了一天的史密斯夫妇送走了最后一位来鞋店里购物的顾客后由衷地感叹道。透过通明的灯火，可以清晰地看到夫妻二人眉宇间那锁不住的激动与喜悦。

是该打烊的时间了，史密斯夫人开始熟练地做着店内的清扫工作，史密斯先生则走向门口，准备去搬早晨卸下的门板。他突然在一个盛放着各式鞋子的玻璃橱前停了下来——透过玻璃，他发现了一双孩子的眼睛。

史密斯先生急忙走过去看个仔细：这是一个捡煤屑的穷小子，约摸八九岁光景，衣衫褴褛且很单薄，冻得通红的脚上穿着一双极不合适的大鞋子，满是煤灰的鞋子上早已“千疮百孔”。他看到史密斯先生走近了自己，目光便从橱子里做工精美的鞋子上移开，盯着这位鞋店老板，眼睛里饱含着一种莫名的希冀。

史密斯先生俯下身来和蔼地搭讪道：“圣诞快乐，我亲爱的孩子，请问我能帮你什么忙吗？”

男孩并不作声，眼睛又开始转向橱子里擦拭锃亮的鞋子，好半天才应道：“我在乞求上帝赐给我一双合适的鞋子，先生，您能帮我把这个愿望转告给他吗？我会感谢您的！”

正在收拾东西的史密斯夫人这时也走了过来，她先是把这个孩子上下打量了一番，然后把丈夫拉到一边说：“这孩子蛮可怜的，还是答应他的要求吧？”史密斯先生却摇了摇头，不以为然地说：“不，他需要的不是一双鞋子，亲爱的，请你把橱子里最好的棉袜拿来一双，然后再端来一盆温水，好吗？”史密斯夫人满脸疑惑地走开了。

史密斯先生很快回到孩子身边，告诉男孩说：“恭喜你，孩子，我已经把你的想法告诉了上帝，马上就会有答案了。”孩子的脸上这时开始漾起兴奋的笑容。

水端来了，史密斯先生搬了张小凳子示意孩子坐下，然后脱去男孩脚上那双布满尘垢的鞋子，他把男孩冻得发紫的双脚放进温水里，揉搓着，并语重心长地说：“孩子呀，真对不起，你要一双鞋子的要求，上帝没有答应你，他讲，不能给你一双鞋子，而应当给你一双袜子。”男孩脸上的笑容突然僵住了，失望的眼神充满不解。

史密斯先生急忙补充说：“别急，孩子，你听我把话说明白，我们每个人都会对心中的上帝有所乞求，但是，他不可能给予我们现成的好事，就像在我们生命的果园里，每个人都追求果实累累，但是上帝只能给我们一粒种子，只有把这粒种子播进土壤里，精心去呵护，它才能开出美丽的花朵，到了秋天才能收获丰硕的果实；也就像每个人都追求宝藏，但是上帝只能给我们一把铁锹或一张藏宝图，要想获得真正的宝藏还需要我们亲自去挖掘。关键是自己要坚信自己能办到，自信了，前途才会一片光明啊！就拿我来说吧，我在小时候也曾祈求上帝赐予我一家鞋店，可上帝只给了我一套做鞋的工具，但我始终相信拿着这套工具并好好利用它，就能获得一切。20多年过去了，我做过擦鞋童、学徒、修鞋匠、皮鞋设计师……现在，我不仅拥有了这条大街上最豪华的鞋店，而且拥有了一个美丽的妻子和幸福的家庭。孩子，你也是一样，只要你拿着这双袜子去寻找你梦想的鞋子，义无反顾，永不放弃，那么，肯定有一天，你也会成功的。另外，上帝还让我特别叮嘱你：他给你的东西比任何人都丰厚，只要你不怕失败，不怕付出！”

脚洗好了，男孩若有所悟地从史密斯夫妇手中接过“上帝”赐予他的袜子，像是接住了一份使命，迈出了店门。他向前走了几步，又回头望了望这家鞋店，史密斯夫妇正向他挥手：“记住上帝的话，孩子！你会成功的，我们等着你的好消息！”男孩一边点着头，一边迈着轻快的步子消失在夜的深处。

一晃30多年过去了，又是一个圣诞节，年逾古稀的史密斯夫妇早晨一开门，就收到了一封陌生人的来信，信中写道：

尊敬的先生和夫人：

您还记得30多年前那个圣诞节前夜，那个捡煤屑的小伙子吗？他当时乞求上帝赐予他一双鞋子，但是上帝没有给他鞋子，而是别有用心地送了他一番比黄金还贵重的话和一双袜子。正是这样一双袜子激活了他生命的自信与不屈！这样的帮助比任何同情的施舍都重要，给人一双袜子，让他自己去寻找梦想的鞋子，这是你们的伟大智慧。衷心地感谢你们，善良而智慧的先生和夫人，他拿着你们给的袜子已经找到了对他而言最宝贵的鞋子——他当上了美国的第一位共和党总统。

我就是那个穷小子。

信末的署名是：亚伯拉罕·林肯！

知人论世

亚伯拉罕·林肯（Abraham Lincoln，1809年2月12日至1865年4月15日），美国政治家、战略家、第16任总统。林肯是首位共和党籍总统，在任期间主导废除了美国黑人奴隶制。

1834年8月，林肯作为辉格党人当选为伊利诺伊州议员。1856年，林肯退出辉格党，参加新成立的共和党。1860年11月6日，林肯当选美国总统。美国南北战争爆发后，林肯签署了《宅地法》，颁布了《解放黑人奴隶宣言》，为北方获得南北战争的胜利奠定了基础。1864年11月8日，林肯再次当选为美国总统。1865年4月14日，林肯被约翰·布斯暗杀，次日上午与世长辞，年仅56岁。

在美国爆发南北战争期间，林肯坚决反对国家分裂。他废除了叛乱各州的奴隶制，击败了南方分离势力，维护了联邦及其领土上不分人种、人人生而平等的权利。

2006年，亚伯拉罕·林肯被美国的权威期刊《大西洋月刊》评为影响美国的100位人物第1名。2008年，英国《泰晤士报》对43位美国总统分别以不同的标准进行“最伟大总统”排名，亚伯拉罕·林肯列为第一。

阅读鉴赏

这是一份令人心酸的年谱，折射出的是震撼人心的历史传奇，它成就了一位历史伟人，造就了一名屡败屡战、永不放弃的时代硬汉！

他对自己的总结：家境贫寒，母亲早亡，孤苦奋斗，厄运不断。两次经商两次失败，十一次竞选八次失败。为此也曾经心碎过、痛苦过、崩溃过。有好多次，都绝望之极，担心自己能不能再爬起来。

他对自己的评价：虽然心碎，但依然火热；虽然痛苦，但依然镇定；虽然崩溃，但依然自信。因为我坚信，对付屡战屡败的最好办法，就是屡败屡战、永不放弃。

他就是亚伯拉罕·林肯（1809—1865），美国第16任总统，一位令全世界都为之叹服的伟人。

1809年2月12日，出生在寂静的荒野上一座孤独的小木屋。

1816年（7岁），全家被赶出居住地。长途跋涉找到一个窝棚。

1818年（9岁），母亲去世。

1831年（22岁），经商失败。

1832年（23岁），竞选州议员落选。工作丢了。想就读法学院，但未获入学资格。

1833年（24岁），向朋友借钱经商，再次破产。接下来，他花了16年时间才把债还清。

1834年（25岁），再次竞选州议员，这次赢了。

1835年（26岁），订婚后即将结婚时，未婚妻去世。

1836年（27岁），精神完全崩溃，卧病在床六个月。

1838年（29岁），争取成为州议员的发言人——没有成功。

1840年（31岁），争取成为选举人——落选。

1843年（34岁），参加国会大选——再次落选。

1846年（37岁），再次参加国会大选——成功当选。前往华盛顿特区，表现可圈可点。

1848年（39岁），寻求国会议员连任，失败。

1849年（40岁），想在自己州内担任土地局长的工作，遭到拒绝。

1854年（45岁），竞选美国参议员，落选。

1856年（47岁），在共和党内争取副总统的提名——得票不足100张。

1860年（51岁），当选美国总统。历经四年南北战争，成为美国历史上最伟大的总统之一。

1864年11月8日，林肯再次当选为美国总统。

1865年4月14日，林肯被暗杀，次日与世长辞，年仅56岁。

1850年，时年3岁的次子夭折。

1862年，时年11岁的三子因染伤寒去世。

1871年，18岁3个月的四子因白喉暴卒。

第三个儿子的死使林肯夫人玛丽·托德彻底崩溃（丈夫林肯遇刺身亡后神经错乱），大儿子罗伯特·托德·林肯只好把她送进了精神病院。

自从1842年结婚的那天起，林肯就交上了厄运，这种厄运像幽灵一样缠绕他长达23年之久，一直陪伴着他到生命的最后一页。林肯的夫人不但脾气暴躁且喜怒无常，被美国人公认为“悍妇”，林肯就变成她的“箭靶子”。

思考寄语

马克思主义创始人卡尔·马克思评价：他是一个不会被困难所吓倒、不会为成功所迷惑的人，他不屈不挠地迈向自己的伟大目标，而从不轻举妄动，他稳步向前，而从不倒退……总之，他是一位达到了伟大境界而仍然保持自己优良品质的罕有的人物。这位出类拔萃和道德高尚的人竟是那样谦虚，以致只有在他成为“殉道者”倒下去之后，全世界才发现他是一位英雄。

俄国批判现实主义作家列夫·托尔斯泰评价：林肯总统由于具有“独特的精神力量和伟大的人格”，已经成为世界人民心目中的传奇人物，他的地位相当于音乐中的贝多芬、诗歌中的但丁、绘画中的拉斐尔和人生哲学中的基督。即使他不曾当选为总统，也将无可争辩地和现在一样伟大，但是这恐怕只有上帝知道。